Del Punjab a Canarias

La Historia del Pueblo Gitano

Del Punjab a Canarias
La historia del pueblo gitano

© José Carmona Santiago 2023
© Harvest Books Ltd. 2023

Publicado por:
HARVEST BOOKS Ltd.
Suite LP58738,20-22 Wenlock Road
N1 7GU -London-United Kingdom
editorialharvest@gmail.com
www.editorialharvest.net

Diseño y composición: Pixxel Connect Snc.
(www.pixxelconnect.com)

CONSIGUE TODOS NUESTROS LIBROS EN:
www.editorialharvest.net

Depósito legal: TF 631-2022

Contacto con el autor:
FB: @josecarmonasantiag **IG:** @josecarmonasantiago
EMAIL: mao.101@me.com

Del Punjab a Canarias

La Historia del Pueblo Gitano

HARVEST BOOKS

José Carmona Santiago

Índice

Prólogo

La lectura del libro Historia del Pueblo Gitano "Del Punjab a Canarias", nos adentra en un acompañamiento vivo y sentido del peregrinaje histórico que conocemos del Pueblo Gitano desde el siglo XIII, desde Punjab situada entre India y Pakistán hasta Canarias en la actualidad.

Es una compilación inédita en Canarias de las referencias a la existencia del Pueblo Gitano y su peregrinación histórica, elaborada con rigurosidad y bien documentada. Un relato con vocación y sentimientos. Oportuna publicación en el ámbito educativo y para la convivencia intercultural comunitaria para reconocer la idiosincrasia y cultura del pueblo gitano. Instrumento clave para impulsar la convivencia en la paz de la población canaria e inclusiva donde está arraigado el pueblo gitano desde hace muchos años. Recurso didáctico ineludible para el profesorado de todos los niveles educativos, así como para la investigación. Cuenta con ilustraciones de calidad en sintonía al relato y que constata imágenes que hablan por sí solas del protagonismo y la supervivencia del pueblo gitano valiente y resiliente.

La crónica y relato escrito evidencia la presencia, la lucha real y valiente y el asentamiento del pueblo gitano en los diferentes territorios de nuestro país y Canarias. Configura una cartografía inédita de arraigo territorial de la población gitana y su culturización en la península y Canarias de gran valor documental y testimonial. Visibilización de una historia y cultura del pueblo gitano intencionadamente vulnerada, oculta y estereotipada por los poderes imperantes en los lugares de paso en la peregrinación del pueblo gitano desde el Punjab, Europa, la península y Canarias.

Muy revelador e importante el protagonismo de personajes históricos del pueblo gitano como líderes proactivos en la política, el arte, en los movimientos sociales gitanos por sobrevivir, la autoría propia del flamenco como expresión de identidad relevante, hoy arte venerado en todo el mundo.

Gracias al autor por este libro revelador, de gran valor científico, didáctico y contemporáneo que con una mirada gitana dignifica y pone en su lugar histórico al gran Pueblo Gitano del que tanto tenemos que aprender, conocer y querer. La obra nos pone en un cara a cara con el Pueblo Gitano que evidencia una sociedad que los excluyó, maltrató e invisibilizó intencionadamente para que su cultura y existencia arraigada no fuera una amenaza para los poderes imperantes y sus intereses mezquinos en cada momento histórico de este relato gitano.

Santa Cruz de Tenerife, 15 de junio de 2023

M.ª Reyes Henríquez Escuelas

Profesora Titular de Escuela Universitaria del Departamento de Ciencias de la Comunicación y Trabajo Social de la Universidad de La Laguna.

Reconocimientos

Durante mucho tiempo la historia del Pueblo Gitano ha sido ignorada por la falta de interés del resto, posiblemente debido al estereotipo marcado en la sociedad mayoritaria de un concepto negativo hacia un pueblo que fue hostigado y marginado. En las últimas décadas ha habido un intento de investigación del origen e historia del pueblo gitano, pero a mí parecer, esta investigación ha sido realizada desde la distancia y la falta de empatía.

Don José Carmona Santiago, nos presenta un trabajo realizado desde esa cercanía, necesaria para la plena comprensión de la historia de este pueblo. Además, recoge las fechas específicas de las leyes y pragmáticas que fueron redactadas a lo largo de la historia en contra de los gitanos, e incluye los personajes claves que dieron lugar para la verdadera situación actual en la que vive hoy este pueblo. Mi agradecimiento por la entrega a esta labor de investigación tan ardua de Don José Carmona Santiago presentándonos este volumen para ayudarnos a, una mejor comprensión de realidades que vivió y que aún continúa viviendo el pueblo gitano

Amaro Jiménez Borja:

(Periodista y director del programa Camelamos Naquerar en Canal Sur Radio)

Mis felicitaciones por esta iniciativa, desde que te conocí en Madrid vislumbre en ti el futuro de los nuestros.

Mi agradecimiento a ti, José Carmona Santiago, de un corazón a otro corazón va dirigido a muchos corazones que se sorprenderán, este libro nos invita a sumergirnos en una fascinante travesía a través de la historia de pueblo gitano, historia que hasta el siglo XX, bien entrada la democracia se desconocía, ya que había sido vetado durante siglos.

Con las herramientas que nos dejó el primer gobierno de la democracia en España, el asociacionismo, permitió adentrarnos para saber quiénes somos y de dónde venimos. Una comunidad ancestral que ha dejado una huella profunda en la trayectoria de la humanidad. En estas páginas José Carmona, nos descubre una rica y vibrante historia que fue moldeada por siglos de migraciones, tradiciones arraigadas y una inquebrantable voluntad de preservar su identidad única, en sus páginas José Carmona nos cautiva con su imaginación de tantos gitanos y gitanas por tiempos remotos. Nuestro origen y migraciones han sido motivo de especulación y misterio, pero lo que es innegable es su presencia por todos los rincones del mundo. Como nuestro autor pone de manifiesto, la Historia del Pueblo gitano está marcada por grandes desafíos y adversidades. Nos narra la estigmatización y persecución a lo largo de los siglos. Pero a pesar de esto con esta obra José Carmona demuestra su notable capacidad de resiliencia y resistencia, en honor a sus antepasados manteniendo vivas sus tradiciones y luchando por los derechos a ese reconocimiento.

Este libro nos invita a adentrarnos en la riqueza de la cultura gitana, a comprender su forma de vida y a reflexionar sobre los desafíos que aun enfrenta en la actualidad, a través de estos relatos, testimonios e investigaciones va a poner voz en la generación de la juventud gitana y dará la posibilidad de que muchos jóvenes gitanos tengan la certeza de cuáles son sus raíces ya que tantos años de persecución desde el siglo XV al XXI ha hecho que muchos jóvenes se enfrenten a los desafíos de la enfermedad y de padecimiento por los prejuicios y el antigitanismo que sufren desde su temprana edad. Que este libro sea un tributo a la rica herencia gitana y un llamado a la inclusión y al respeto mutuo.

Bienvenidos a un viaje inolvidable a través de la historia y la cultura del Pueblo Gitano en este viaje que José Carmona nos revela con su espíritu indomable y su contribución invaluable a la riqueza de la humanidad.

M.ª Carmen Carrillo Losada Presidenta de la Asociación Sinando Kali

Es importante que se escriba sobre la historia del Pueblo Gitano, pero todavía es más valioso, si lo hace un gitano. Es un orgullo para todos/as que José Carmona Santiago, haya realizado este libro "Del Punjab a Canarias", es una investigación muy rigurosa e innovadora, como los gitanos de Canarias, que tengan sus orígenes en la Alpujarra granadina, una ciudad donde la comunidad gitana, ha aportado mucho a esta ciudad maravillosa.

En este libro se pone de manifiesto el patrimonio histórico y cultural del Pueblo Gitano, contribuyendo a la difusión y acercamiento a la cultura gitana, teniendo en cuenta el papel tan destacado, que ha tenido desde siempre en la cultura en general.

Gracias por este regalo que haces a tu Pueblo a través de tu publicación, es un magnífico legado para las nuevas generaciones. Espero que no te quedes en esta obra, que escribas muchas más. Mucho éxito y laċhi baxt (buena suerte).

Loli Fernández Fernández

Maestra, directora del Centro de Educación de Personas Adultas Almanjáyar-Cartuja (Granada), presidenta de la Asociación de Mujeres Gitanas Romí

Introducción

Si la identidad personal es un constructo formado por las múltiples identificaciones que nos caracteriza, sirva de ejemplo: hombre, madre, hijo, esposa, español, canaria, cristiano, etc., sin duda, nacer en el seno de una familia gitana es la que más relevancia ha tenido como ser social. Da igual el puesto de trabajo, el lugar de nacimiento; incluso, la religión que tenga, al final, todos me terminan identificando por el gitano. Por cierto, me pregunto: ¿Habrá algo más bonito que ser gitano? Si le hubiesen preguntado a Jesús de Nazaret quienes eran las personas más apropiadas para ser ciudadanos de su reino, nos diría:

"los pobres, los que lloran, los que tienen hambre y sed de justicia, los que padecen persecución, los vituperados y los perseguido" (Mateo 5, la Biblia).

Indubitadamente, cualquier gitana que lea las palabras del maestro del amor se sentirá plenamente identificada, sentirá que esas palabras eran para su pueblo. Así mismo, el mítico poeta Federico García Lorca encontró en la Romipen (gitanidad) la mayor expresión de la libertad, de ahí que dijera:

"Los gitanos son lo más elevado, lo más profundo y lo más aristocrático de mi país" (en Ramírez-Heredia, 2023).

En la misma línea, Gabriel García Márquez en su magna

obra, "Cien años de soledad" (1987) para expresar la idea de la espiritualidad, el misterio y la grandeza que trasciende a lo externo evoca a:

"Melquisedec, un gitano de piel de aceituna…, curtida…, de ojos negros y rasgados". En definitiva, un ejemplo de belleza. De ahí que deduzca que lo mejor que tiene un hombre es: "Lo mucho que tiene de gitano" (1987, en Aouini, 2017).

Ser gitano es un honor, se lo dice alguien nacido y criado en la Cultura Romipen, que conoce el sentir de un gitano tan solo con mirarlo, que tiene tíos, tías, primos y primas desde el Punjab hasta Argentina, que su patria está donde este su familia, que su mayor riqueza es la memoria de los que ya no están y perviven en su corazón. Ser gitano es un orgullo, se lo dice alguien que hace tan solo 13 años, con 34, carecía de la educación primaria, alguien que, ayudado por los pastores de la iglesia evangélica, aprendió a leer y escribir y se animó a seguir formándose para ingresar en la Universidad de La Laguna, hasta llegar a ser doctor.

Si de algo estoy seguro en mi paso por la universidad, es de la grandeza de la Cultura Romipen. Gracias al desafío de aprender, he descubierto que la gitanidad tiene una cosmovisión que se ha fraguado hace más de mil años, que ha recorrido Asia, África, Europa y América. He aprendido que el origen de su lengua (el romaní) se ubica dentro de los dialectos prácritos hablados entre el año 500 a. C. y 1000 d. C. en la India. Estos dialectos están claramente relacionados con el sánscrito clásico. Además, que el cante gitano es el fundamento del flamenco, reconocido como Patrimonio Inmaterial de la Humanidad por la UNESCO.

Así mismo, he conocido la historia de quienes han vencido a los sistemas totalitarios, represores y asesinos. Jamás llegarían a pensar Isabel la Católica, el Márquez de la Ensenada o Hitler que en pleno siglo XXI las gitanas serian doctoras y diputadas en las Cortes Españolas. Sin lugar a duda, la historia del Pueblo Gitano se debe abordar desde la grandeza que los ha sostenido a pesar de los avatares de la vida. No se trata de víctimas, sino de personas resilientes; no es de heridas, sino de cicatrices; no se trata de dolor; sino de alegrías, de las de verdad, en las que se celebra los detalles mínimos de la vida. Si hay una historia apasionante y digna de ser leída; indiscutiblemente, es la de los romaníes.

Tras la investigación, indudablemente, la cultura gitana tiene los elementos necesarios para dialogar horizontal, sin complejos, ni altivez con el resto de las culturas. Las personas que superen los prejuicios y tienen apertura mental encontraran mucho que aprender de la gitanidad. Quienes la conozcan se enriquecerán, a la vez que aportaran lo bello de sus culturas, de sus saberes y sentires a las personas gitanas. En definitiva, las competencias académicas me han convencido de que solo existirán espacios comunitarios dignos para vivir, en los que hay lugar para la inclusión del Pueblo Gitano. Por el contrario, la libertad, la equidad y la justicia brillaran por su ausencia.

La presente investigación tiene como finalidad describir los sucesos más destacado de la Historia del Pueblo Rroma/Calo desde la perspectiva científica, basados en evidencias y con la mayor objetividad. Como dice tío Pepe Heredia Maya, catedrático gitano, desde una "mirada limpia".

A través de los capítulos se hará un recorrido que comenzará con los orígenes del Pueblo Gitano, pasando por los periodos de persecuciones, exterminios sistematizados y asimilación forzada, así como por la Guerra Civil Española, el franquismo y su legado. También, se expone una reseña del exterminio nazi a los Rroma/Sinti. Además, se muestra la realidad sociodemográfica de las familias gitanas españolas. Finalmente, se muestra la situación de las familias gitanas en las Islas Canarias.

San Cristóbal de La Laguna a 15 de mayo de 2023

Dr. José Carmona Santiago

Capítulo 1
Orígenes del Pueblo Rroma/Gitano

Cabalgando van los gitanos, van los gitanos, van los gitanos.

Los hombres montan las yeguas y las mujeres en los carros, a sus niños chiquititos con su pecho amamantando.

Manuel Molina

Decolonizar la narración histórica del Pueblo Gitano

Para hablar de la historia del Pueblo Gitano, hay que tener en cuenta que la tradicional agrafía de dicho pueblo ha sido el motivo por el cual no han dejado constancia escritas de su propio proceso de peregrinación, como dice Gómez-Alfaro (2010), "la historia de un pueblo que no escribió su propia historia" (p. 14). Por lo que, es menester tener presente que es la historia de sus relaciones conflictivas con los poderes imperantes de los países en que han ido residiendo. Prueba de ello es que, en la literatura del Siglo de Oro, Cervantes con su obra "La Gitanilla", las alusiones sobre la vida de los gitanos propagan el estereotipo negativo de calós, contribuyendo a su infrahumanización, ya que se les presentan como un peligro para la humanidad, personas defectuosas y dignas de castigo (Wentzlaff-Eggebert, 2008). Como diría Cervantes (1973):

Parece que los gitanos y gitanas solamente nacieron en el mundo para ser ladrones: nacen de padres ladrones, críanse con ladrones, estudian para ladrones y, finalmente, salen con ser ladrones corrientes y molientes a todo ruedo; y la gana del hurtar y el hurtar son en ellos como accidentes inseparables, que no se quitan sino con la muerte. (p.1).

Las razones de esta predisposición hostil se remontan a la tradición humanística que desde Luis

Vives contemplaba al gitano como un peligro social. Posteriormente, se puede señalar a Víctor Hugo en El Jorobado de Nôtre Dame, en dicha obra, la protagonista, Esmeralda, había sido robada por los gitanos (Martínez, 2000). Cabe resaltar que el uso de estereotipos está presente en las obras de Mateo Alemán (2015), Vicente Espinel (1910), Jerónimo de Alcalá (2005), Lope de Rueda (1993), Ramón de la Cruz (1787), Galdós (2006), García-Lorca (2012), Antonio Machado (1979), Hernández (2017), Cela (1971) y García-Márquez (2014). Forjando así, una imagen que se ha perpetuado hasta el siglo XXI, al punto que, el Diccionario de la Lengua Española define gitano como "trapacero", justificando dicha acepción con una nota de uso "ofensivo y discriminatorio".

El estereotipo que se fraguo en el siglo XVI sigue vivo, ya que el racismo que originó el colonialismo sigue latente, más allá de la descolonización histórica (Fernández, Jiménez-González y Motos, 2018).

Siguiendo a Jiménez-González (2018), es imprescindible decolonizar la historia del Pueblo Gitano, ya que ha sido escrita trufada de estereotipos, llena de visiones sesgadas, y, sobre todo, vista por los ojos extraños de quien la ha vivido desde la supremacía del poder. Sin duda, hay que pensar desde la experiencia de los pueblos negados, desde las identidades tradicionalmente marginadas, si lo que se pretende es establecer una alternativa real a la actual (Dussel, 1994, en Fernández, Jiménez-González y Motos, 2015).

Orígenes del Pueblo Gitano/Rroma

La personalidad histórica de los gitanos fue un enigma hasta el siglo XVIII. Es a partir de dicho siglo cuando comienzan las primeras investigaciones dedicadas a conocer el origen del Pueblo Roma. Como indica Sánchez-Ortega (1994), los trabajos de los especialistas en lingüísticas, Grellman, Güdiger y Bryant establecieron su procedencia en la India. Se debe agregar que, hasta el siglo XX se ha continuado discutiendo por conocer con exactitud a la familia indoaria que pertenecen (Sánchez-Ortega, 1994). Sin negar las controversias existentes en relación con el origen exacto, la propuesta más aceptada señala a la zona del Punjab situada entre India y Pakistán (Hancock, 2004). No obstante, los trabajos de los especialistas gitanos señalan a la ciudad de Kannauj, también situada en el Subcontinente Indio, como la ciudad de origen del Pueblo Gitano (Courthiade, 2001, en Macías 2017; Kenrick, 2007).

Figura 1

Portada del libro de Cervantes, La Gitanilla

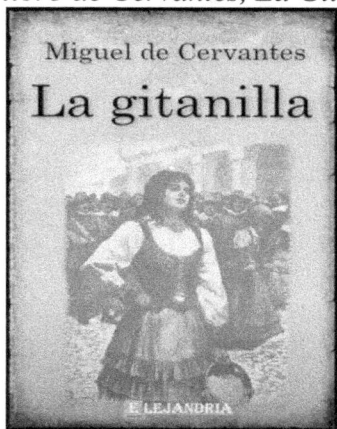

Nota. Adaptado de La Gitanilla, por M. Cervantes, 1976, Guida Editori.

Figura 2

Kannauj se encuentra en Utar Pradesh, al norte de la India

Nota. Adaptado de origen del Pueblo Gitano por baxtalo.wordpress.com., 2009, (https://baxtalo.wordpress.com/el-origen-del-pueblo-rom-realidad-yleyenda/)

Siguiendo la propuesta del Dr. Marcel Courthiade (2001) y otros investigadores, sus orígenes está en la ciudad de Kannanj, al India del norte. En base al texto de Al´Uthique: el 21 de diciembre de 1018, Mahmud de Ghazna invadió a la ciudad de Kannanj, famosa por su proyección cultural y artístico, llevándose prisionero a 53.000 personas para satisfacer su sueño de volver su cuidad en capital del mundo. Ghazni (actual Afganistán) es el punto de partida donde comienza el proceso migratorio por Asia y Europa.

Siguiendo a Hancock (2006, en Carmona, 2013), la protohistoria del Pueblo Rroma se divide en cuatro partes:

- Primera parte, llamada teljaripé, significa "el inicio", ya que muestra el proceso histórico que consolida el idioma protorromanés.
- La segunda parte, el nakhipé (la marcha) que describe la creación de la etnia roma después de vivir en Asia y Asia Menor y de su marcha en dirección a Europa.
- La tercera parte, el aresipé, que significa literalmente "la llegada", la arribada del Pueblo Roma a Europa.
- La cuarta, llamada Buxljaripé, es "el despliegue", y corresponde a la difusión y la

instalación del pueblo gitano en todo el espacio geográfico europeo llegando hasta el Atlántico.

El Pueblo Gitano/Rroma en Europa

En resumidas cuentas, la hipótesis que tiene mayor aceptación y consenso dentro de la comunidad científica indica que el proceso migratorio del Pueblo Roma del Subcontinente Indio se inicia hacia el año 1.000 siendo un grupo nómada que se instala en las antiguas regiones de Persia y Armenia (actualmente Afganistán, Irán y Armenia). Posteriormente, pasan a los Balcanes, llegando al Este de Europa hacia el año 1.300 (Macías, 2017; Sánchez-Ortega, 1994). Por ende, el Pueblo Roma, como cualquier otro grupo humano, parte de algún lugar del mundo, en este caso, de la India, pero su verdadera formación se realizó en Europa (Martín-Sánchez, 2018). Cabe destacar que, si la consciencia de Europa nació con las peregrinaciones medievales, los gitanos estarían presentes en el proceso de construcción europea, desde el principio (Giménez-Adelantado, 1994). Como demuestran las investigaciones al respecto, Grecia y Armenia fueron los puntos geográficos desde los que el Pueblo Rroma se esparce en Europa. A mediados del siglo XIV los romaníes están diseminados por casi todas las islas del Mediterráneo y en la Grecia continental. Dado el carácter nómada de dicho pueblo, no tardaron en entenderse por todo el continente. En la primera década del siglo XV, los romaníes viajan con suma rapidez por Europa occidental, en 1417 se data su llegada a Hamburgo y otras ciudades hanseáticas el mismo año. Leipzig, Frankfurt, Suiza y Bavaria en 1418, Francia y la Provenza en 1419, Flandes en 1420, Bolonia y Roma en 1422, siendo su aparición en 1425 en la Península Ibérica.

Dependiendo de las costumbres, la zona geográfica que ocuparon y la variante dialectal de la propia lengua hablada por los romaníes, se fueron configurando los grandes grupos que han sido capaces de sobrevivir hasta el siglo XXI (Hancock, 2011; Kenrick, 2007; Kenrick y Puxon; 2009; Sánchez-Ortega,1994). Por lo que, la gran familia Rroma cuenta con una significada diversidad étnica, diferenciada en grupos (vitsi) y subgrupos o familias (familiyi). Cabe resaltar que la división y la autoidentificación entre los romaníes es bastante compleja. No obstante, los cuatro grupos principales son (Council of Europe, 2012, en Macías 2017; Gamella, 1999; Hancock 2002):

- Subgrupo "Rom", los cuales están ubicados mayormente en el este de Europa, Italia, Grecia, Turquía y Rusia. A su vez, se dividen en subgrupos como los Kelderash, los Lovari, los Gurbeti, entre otros.
- Subgrupo "Kale" (caló). Se encuentran principalmente en España, Portugal y el Sur de Francia.
- Subgrupo "Sinti" / "Manush". Se encuentran principalmente en las regiones de habla alemana (Alemania, Suiza, Austria) y en

Francia, a los que se les denomina Manush (Manouches).

- Subgrupo "Romanichals". Se encuentran en el Reino Unido, principalmente en Inglaterra y el sur de Gales.

Figura 3
Llegada del Pueblo Rroma a Europa

Nota. Adaptado de origen del Pueblo Gitano por A. Vega, 1997 (https:// unionromani.org/pueblo_es.htm)

La familia Rroma en todas las partes que han fijado sus residencias, adoptan la lengua del lugar, desarrollando tradiciones y variantes del Romanó (en España, el caló), fruto de la interacción e intercambios culturales. Sin embargo, a pesar de su diversidad, cada uno de estos grupos ha mantenido la unidad como pueblo por medio de una férrea vinculación que es la base de la identidad romaní (Sordè i Martí, Flecha y Mircea, 2013).

Como indica la Comisión Europea (2020), Los gitanos constituyen la mayor minoría étnica de Europa. Según las estimaciones, en Europa viven entre 10 y 12 millones de gitanos, y aproximadamente 6 millones son ciudadanos o residentes de la UE. Muchos de los gitanos de la UE siguen siendo víctimas de prejuicios y exclusión social, a pesar de que está prohibida su discriminación en todos los Estados miembros de la UE.

La mayor concentración se encuentra en los países de Europa central y del Este: Rumania (con más 2 millones), Bulgaria (unos 700.000), Hungría (más de 500.000), República Checa (unos 300.000) y Eslovaquia (casi 450.000), en la actualidad todos ellos países miembros de la UE (Comisión Europea, 2020).

Capítulo 2
El Pueblo Rroma/Gitano en la Península Ibérica

Niño, déjame que baile.

Cuando vengan los gitanos, te encontrarán sobre el yunque con los ojillos cerrados...

Dentro de la fragua lloran, dando gritos, los gitanos.

El aire la vela, vela.

El aire la está velando.

Federco García Lorca

La llegada a la Península Ibérica

Historiadores como Clébert (1963) exponen que los gitanos entraron en España por el estrecho de Gibraltar, Así mismo, De Lucano (Sin fecha, en Salinas, 2004) afirma que, en 1260, Alfonso X llevó gitanos desde Almería hasta Jerez de la Frontera para fabricar oro. Sin embargo, no existen evidencias, que pueda corroborar dicha hipótesis.

En base a la existencia de los documentos históricos, se puede constatar que entre 1417 y 1425 el primer grupo de los calós entró en la Península Ibérica proveniente de Europa central, pasando por el Sur de Francia a través de los Pirineos.

Figura 4

Los gitanos, grabado de Jacques Callot 1630

Nota. Adaptado de Historia y cultura del pueblo Gitano: Exposición por J. Salinas, 2020, p.4. Asociación de Enseñante con Gitanos.

El primer documento conocido acerca del Pueblo Roma en el reino de Aragón data el 12 de enero de 1425, cuando el Rey de Aragón, Alfonso V el Magnánimo, estando en Zaragoza, concedió a Juan, gitano, Duque de Egipto Menor, un salvoconducto que le autorizaba a viajar libremente por su territorio en su peregrinación a Santiago de Compostela como un grupo de peregrinos en trance de purgar su apostasía.

Figura 5

El primer documento sobre los gitanos en el Reino de Aragón

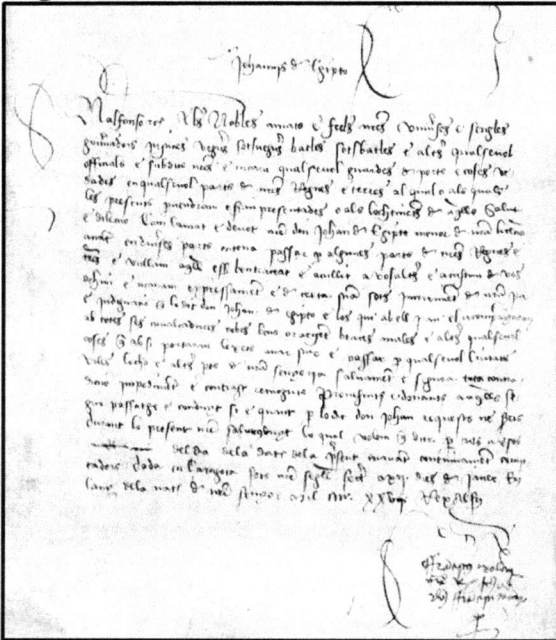

Nota. Adaptado de Historia y cultura del pueblo Gitano: Exposición por J. Salinas, 2020, p.4. Asociación de Enseñante con Gitanos.

A partir de dichos momentos, pequeños grupos que oscilan entre las 50 y 100 personas se van desaminando por todo el territorio nacional, siendo su población total unas 2.000 o 3.000 personas. Al punto que, para 1498 todas las localidades cuentan con presencia de ellos. Los calós fueron tenidos como naturales de Egipto Menor, término medieval para designar la actual zona de Chipre y Siria. Por lo que, a los recién llegados, los vecinos le llamaran egipciano, de ahí la construcción de los gentilicios "exipciano", "egipciano", "egitano" y, finalmente, gitano (Leblon, 1997; López de Meneses, 1971; Martín-Sánchez, 2018; Pérez y Sánchez, 2019; Sánchez-Ortega, 1994).

El Rey Alfonso V de Aragón:

...Como nuestro amado y devoto don Juan de Egipto Menor, que con nuestro permiso ir a diversas partes, entiende que debe pasar por algunas partes de nuestros reinos y tierras, y queremos que sea bien tratado y acogido... el mencionado don Juan de Egipto y los que con él irán y lo acompañarán, con todas **sus cabalgaduras, ropas, bienes, oro, plata, alforjas y cualesquiera otras cosas** que lleven consigo, sean dejado ir, estar y pasar por cualquier ciudad, villa, lugar y otras partes de nuestro señorío a salvo y con seguridad, siendo apartadas toda contradicción, impedimento o contraste...Entregada en Zaragoza con nuestro sello el día doce de enero del año del nacimiento de nuestro Señor 1425.

A continuación, para la cronología del desarrollo de la historia del Pueblo Gitano en España se exponen las etapas principales (Carrasco-Calvo,2010; Sánchez-Ortega, 1994).

De 1425 a 1499, el Período Idílico

La primera etapa del pueblo gitano en España se le denomina, el periodo idílico, ya que dicho pueblo convivió en armonía con los otros pueblos que allí habitaban. Como hace indicar Gamella (2011), "este

37

período resulta especialmente borroso y falto de documentación" (p. 17). La acogida inicial fue buena e incluso hay constancia de que la familia real y la nobleza tomaron medidas para prevenir ofensas contra la población gitana, asegurando vida y propiedades (Pérez y Sánchez, 2019; Sánchez-Ortega, 1994).

Según parece, en sus primeros años convivieron sin conflictos, manteniendo su cultura. Si bien, la historia oficial, narrada por los entes de poder, presentan la forma de vida de los calós como nómadas y que se dedicaban a la adivinación y el espectáculo, asentando las bases para el discurso que ha culminaría en la creación de "lo gitano", símbolo de marginalidad y delincuencia (Motos, 2015). Sin embargo, en base a la historia no oficial, es decir, la que aparece en la literatura, en la pintura, en el teatro, en la música y en la lengua, la aportación de las familias gitanas fue significativa. La cultura del Pueblo Caló fueron claves para el desarrollo de la economía agraria de la época. Ya que en su proceso de peregrinación adquirieron conocimientos en orfebrería, herrería, caballería desconocida en la Península Ibérica. Entre los oficios ejercidos destacan herreros, chalanes, esquiladores, afiladores y canasteras (Leblón, 1987; Martínez, 1995).

A su vez, hay que destacar, los prestamos lingüísticos del caló al idioma español, desde palabras, morfemas y expresiones tomadas del

romanó y adaptadas (adoptadas) al (por el) español
en todas sus variantes (Jiménez-Gonzáles, 2018).

Si bien, el fuerte carácter religioso y nobiliario de la
época permitió que los calós/gitanos mantuviesen su
libertad de movimientos, obteniendo distintos tipos
de privilegios, tanto la llamada ley Paz del Camino,
como no pagar impuestos, que se aplicaba a los
peregrinos a Santiago de Compostela. Ese mismo
fervor devoto, en las dos últimas décadas del siglo
XV, sería el principal motivo del repudio hacia las
familias gitanas (Gamella 2011; Martínez, 1995).

La Llegada del Pueblo Gitano a Cataluña

Como se ha podido apreciar, el primer documento
de la época, con el que se reconoce oficialmente la
entrada del Pueblo Gitano en la Península Ibérica
data el 12 de enero de 1425, no obstante, el primer
documento que demuestra la entrada de ellos en
tierras catalanas data del 26 de noviembre de 1415.
Dado que Alfonso V, en aquellos días era Duque de
Gerona. Será en Perpiñán, que pertenecía a la corona
catalana-aragonesa, donde se firmó una carta de
recomendación en catalán a Tomás de Saba, hijo de
Anthony de Saba "de la India". Se dispone de poca
información sobre la figura de Tomás de Saba, pero
el salvoconducto firmado por Alfonso V representa
una de las primeras pruebas documentales sobre la
presencia de personas gitanas en la Europa
occidental (Generalitat de Catalunya, 2018; Macías,
2017).

Cabe destacar que en pos de avanzar por la inclusión del Pueblo Gitano catalán, el Gobierno de Cataluña ha acordado declarar el 26 de noviembre como el Día de la Llegada del Pueblo Gitano en Cataluña. Con este gesto, se hace un reconocimiento a las aportaciones a la cultura y en la historia del país por parte de este pueblo, presente en Cataluña desde hace más de 600 años (Generalitat de Catalunya, 2018).

La Llegada del Pueblo Gitano a Navarra

Como indica Hernández (2015), gracias al documental descubierto por Florencio Idoate en los años 50, en el Archivo General, se sabe que data del 27 de abril de 1435 los primeros documentos que evidencian la entrada del Pueblo Caló a las tierras de Navarra. Será en la mencionada fecha cuando, la Corte de la reina Blanca de Navarra en el castillo de Olite autorice la donación a Tomás, conde de Egipto Menor, que, acompañado por familias gitanas, solicitaron permiso para habitar en el reino de Navarra para después continuar su peregrinaje a Santiago de Compostela (Sánchez, 2018). A continuación, se expone el recibo en romance navarro:

"1435, abril 27. Olite. Tomás, conde de Egipto Menor, reconoce que ha recibido de Gil Pérez de Sarasa, tesorero del reino, 24 florines por cumplir un mandato de la reina Blanca. Romance navarro" (Sánchez, 2018, p.60).

Figura 6

Primer documento de la entrada de los gitanos en Navarra

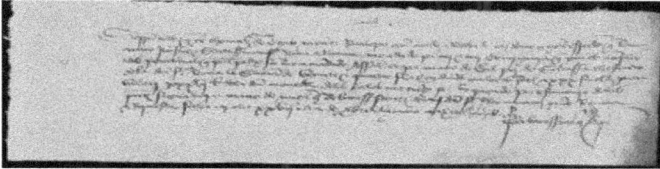

Nota. Adaptado de 27 abril: la historia de los gitanos de Navarra: por R. Hernández, 2015 (https://rikardohj.wordpress.com/2015/04/27/27-abril-lahistoria-de-los-gitanos-de-navarra/)

Así mismo, en Álava se cuenta con una extensa evidencia de registros que abarcan de 1484 hasta 1552, en los que manifiestan las entregas de limosnas por parte de las autoridades vitorianas a los grupos de los calós con la finalidad que no entrasen en la ciudad. Por lo que, la presencia del Pueblo Gitano en la citada provincia está desde finales del siglo XIV (Sánchez, 2018).

Siguiendo a Hernández (2015), "Desde entonces, y generación tras generación, los gitanos navarros hemos ido aportando nuestro grano de arena a la construcción de la sociedad plural en la que hoy se ha convertido Navarra". Cabe destacar que, en el año 2007 se instituyo el 27 abril como Día de la Comunidad Gitana de Navarra.

El Pueblo Gitano llega a Andalucía

El día 22 de noviembre de 1462, D. Miguel Lucas de Iranzo, gobernador de Jaén y primer andaluz que (documentadamente) acoge a miembros del Pueblo Gitano.

> A veinte y dos días del mes de noviembre de este año (1462) llegaron a la ciudad de Jaén dos condes de la pequeña Egipto, que se llamaban el uno don Tomás y el otro don Martín, con hasta cien personas entre hombres, mujeres y niños, sus naturales y vasallos. Los cuales habían sido conquistados y destruidos por el Gran Turco; y porque después de ser conquistados parece ser que negaron nuestra fe, hacía muchos días que, por mandato del Santo Padre, andaban por todos los reinos y provincias de la cristiandad haciendo penitencia. Y como llegaron a la ciudad de Jaén, el señor condestable los recibió muy honorablemente y los mandó aposentar y hacer grandes honras.

Como se aprecia en el documento de la época, el Condestable Miguel Lucas de Iranzo, que estaba a cargo de la frontera de Andalucía, les dio toda clase de permisos y hasta acompañó a los gitanos hasta la frontera con el reino de Granada (Fernández-Fígares, 2022). El objetivo inicial de los gitanos a su entrada en Andalucía era llegar a Granada, donde se empezaba a vivir ambiente de guerra. La capacidad del Pueblo Gitano en el trabajo artesanal como herreros, caldereros, esquiladores, cuidadores de caballos, etc., era de gran utilidad para los ejércitos en campaña, con lo cual llegaron a reunirse con motivo de la Guerra de Granada un buen número de gitanos, que se quedaron una vez terminada la conquista (Fernández-Fígares, 2022).

En octubre de 1996 el Parlamento andaluz declaró el 22 de noviembre como el Día de los Gitanos

Andaluces, con la finalidad de romper estereotipos y mejorar el conocimiento de cultura gitana para suprimir definitivamente las barreras de rechazo social, la intolerancia y la marginación del pueblo gitano. En Andalucía suman más de 350.000, lo que supone un 4,5% de la población total. Aquí no están de prestado, ni llegaron hace unos días, sino que su historia en la Comunidad Autónoma se remonta a más de 500 años, seis siglos de Historia.

Como destaca la Consejería de Igualdad, Políticas Sociales y Conciliación de la Comunidad Autónoma de Andalucía (2022):

Desde la llegada de los primeros gitanos y gitanas a España y en particular a Andalucía, datada históricamente el día 22 de noviembre de 1462, el acervo cultural de este pueblo ha ido acrecentando y enriqueciendo el patrimonio del pueblo andaluz, de tal manera que, en determinados campos artísticos no resulta posible diferenciar lo gitano de lo andaluz…La influencia gitana en la poesía de Lorca, en la música de Falla, en la pintura de Picasso, por citar algunos ejemplos, hace evidente la particularísima aportación de los gitanos/as andaluces al patrimonio común que constituyen la cultura que hoy nos define. Pero es sin duda en el arte flamenco donde mejor se ha manifestado la singularidad de la aleación de todos los elementos gitanos y no gitanos que definen el patrimonio cultural de Andalucía.

Figura 7

Aportación del Pueblo Gitano a la cultura andaluza

Gitana de la naranja de Julio Romero de Torre	Romancero gitano Federico García Lorca	José Monge Cruz Camarón de la Isla
Mannela Carrasco		Gitanos enfrente de Musca Pablo Picasso

Nota. Elaboración propia. Fotografías de, Wikipedia, 2023 (https://acortar. link/ljKAZM)

El Pueblo Gitano llega a Madrid

Antes que Felipe II decide instalar la corte en Madrid el 13 de febrero de 1561, cuando la capital actual del Estado español era una villa con un solo voto en las Cortes de Castilla, se puede situar el comienzo del pueblo gitano madrileño el 24 de mayo de 1484. Por medio de los trabajos realizados por Gómez-Alfaro (2006; 2010; 2014), se puede conocer que un conde gitano, no se ha conservado el nombre, visitó la villa madrileña, quedando constancia de que el Consejo Municipal de Madrid le dio una ayuda de mil maravedís, que avanzó el arrendador Pedro de Erecia.

En aquella primavera de 1484, celebrándose una sesión en la iglesia del Salvador, de manos de los regidores de la villa madrileña, aquel grupo de familias gitanas recibieron una subvención de mil maravedises para costear la peregrinación que realizaban. Cabe destacar que los libros capitulares del Concejo madrileño no contienen datos relacionados con los jefes gitanos, ni de cuántos eran. Simplemente, se sabe de la entrega del dinero (Gómez-Alfaro, 2006).

Es de resaltar que, la Asamblea de la Comunidad de Madrid declaró el 24 de mayo del año 2016 como el día de los gitanos madrileños. Sin lugar a duda, el reconocimiento supone un paso gigantesco en el reconocimiento social e institucional de la cultura gitana como patrimonio común de todos los madrileños y madrileñas (Unión de Asociaciones Familiares, 2019).

Capítulo 3
Período de persecución

*Yo vengo de honda' raíce', de raíce'
milenaria'*

*Que se pierden en el tiempo, pero no en la
nostalgia. En muchas noches de fiesta y al
la'o de una candela. Lo' gitano canta' y
baila' y la luna lo' ilumina.*

Juan Antonio Salazar

La expulsión de lo diferente

Desde la entrada de los calós a la Península Ibérica hasta el fin de la reconquista y la consiguiente unificación de los reinos de Castilla y Aragón, la sociedad sufrió cambios drásticos que acabarían con la convivencia más o menos armoniosa y pacífica entre diversas culturas y religiones (judíos, árabes y cristianos-católicos) (Leblón, 1987; López de Meneses, 1971; Sánchez-Ortega, 1994; Vega, 1997). Una vez que los Reyes Católicos conquistan Granada, siendo expulsados los musulmanes, la idea de una España unida en un solo reino, una sola religión y ley comenzaba a hacerse realidad. El 31 de marzo de 1492 se firmó el Edicto de Granada, decreto que ordena la expulsión de los judíos (Salinas, 2020).

> Nosotros ordenamos además en este edicto que los Judíos y Judías cualquiera edad que residan en nuestros dominios o territorios que partan con sus hijos e hijas, sirvientes y familiares pequeños o grandes de todas las edades al fin de Julio de este año y que no se atrevan a regresar a nuestras tierras y que no tomen un paso adelante a traspasar de la manera que si algún Judío que no acepte este edicto si acaso es encontrado en estos dominios o regresa será culpado a muerte y confiscación de sus bienes.

Figura 8

El Edicto de Granada Edicto de Granada: Expulsión de los judíos 31 de marzo de 1492.

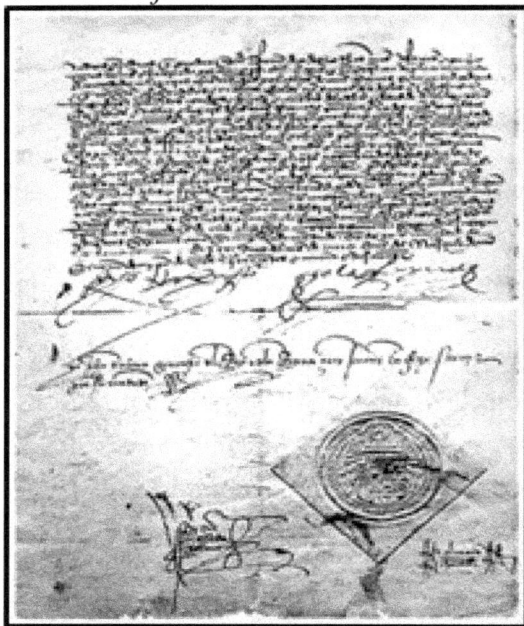

Nota. Adaptado de Documentos de los Reyes Católicos: por Biblioteca Virtual Miguel de Cervantes, s/f, (https://acortar.link/FjCJ8W)

El número de judíos expulsados sigue siendo objeto de controversia. Las cifras han oscilado entre los 45.000 y los 350.000, aunque las investigaciones más recientes, según Joseph Pérez, la sitúan en torno a los 50.000, teniendo en cuenta los miles de judíos que después de marcharse regresaron a causa del maltrato que sufrieron en algunos lugares de acogida, como en Fez, Marruecos. Como los judíos identificaban a la península ibérica con la Sefarad bíblica, los judíos expulsados por los Reyes Católicos tomaron o recibieron el nombre de sefardíes (Biblias-Sefarad, 2012; Pérez, 2005).

Figura 9
La salida de familias judías de España tras su expulsión en 1492 por los Reyes Católicos

Nota. Adaptado de La expulsión de los judíos de España 1492, 2023, alamy (https://acortar.link/ljKAZM)

Los Reyes Católicos y el Pueblo Rroma/Gitano

Si bien es cierto que en 1491 los reyes de Castilla y Aragón encargaban a sus vasallos ayudar a todas las personas que fuesen exiliados por motivos de la fe católica, motivos por la cual las familias gitanas obtenían los salvoconductos que le permitían movilizarse por la Península Ibérica, en 1499 se escandalizan del vivir gitano (Motos-Pérez, 2009).

Cabe destacar que el Pueblo Rroma no presentaba ninguna amenaza para la corona como podía ser los judíos o los musulmanes. Sin embargo, la Cultura Romipen no encajaba en totalitarismo de la cosmovisión de los Reyes Católicos. A siete años la expulsión de los judíos, Isabel y Fernando arremeten con toda la furia contra los gitanos, la Pragmática dictada en 1499, los obligan a abandonar su estilo de vida, su libertad, la capacidad de producir su arte y artesanía, se les impone la vida sedentaria, perdiendo sus señas de identidad y asimilándose al resto de la población o; por el contrario, se marchan del país en plazo de sesenta días (Leblón, 1987; López de Meneses, 1971; Motos-Pérez, 2009; Sánchez-Ortega, 1994).

La Pragmática de los Reyes Católicos en 1499:

"Mandamos a los egipcianos que andan vagando por nuestros reinos y señoríos... que vivan por oficios conocidos... o tomen vivienda de señores a quien sirvan... Si fueren hallados o tomados, sin oficio, sin señores, juntos... que den a cada uno cien azotes por la primera vez y los destierren perpetuamente de estos reinos, y por la segunda vez que les corten las orejas, y estén en la cadena y los tomen a desterrar como dicho es..."

Figura 10

Primera pragmática antigitana por los Reyes Católicos en 1499

Nota. Adaptado de Primera ley o pragmática contra los gitanos, por J. Salinas, 2016 (https://www.museuvirtualgitano.cat/es/historia/primera-pragmatica/)

Como bien señala Motos-Pérez (2009), los Reyes Católicos afirman que la mayoría de los gitanos son aptos para el trabajo. Por lo que se les exige a abandonar su nomadismo y que se hagan vasallos de amos que garanticen su subsistencia. Además, deben abandonar sus competencias mercantiles como eran la orfebrería, venta de caballos, herrería, etc. para ejercer oficios conocidos por los castellanos, con los que el Pueblo Gitano no se sentían identificados. A los calós que se negaran a obedecer estas disposiciones y sumarse a los trabajos agrícolas, se les dio sesenta días para abandonar el reino. A partir del período señalado, quienes no obedecieran las ordenes reales, serían tratados como vagabundos ociosos que viven de los robos y los engaños y como tal se les debía tratar; pena de azotes, corte de orejas, expulsión y finalmente esclavitud de por vida. Ante la Pragmática de los Reyes Católicos en 1499 el Pueblo Rroma/Gitano tenía dos opciones: por un lado, el etnocidio; y por otro, el genocidio. Entre ambos extremos del péndulo se ha desarrollado la Historia del Gitano en España durante siglos. Tristemente, las familias gitanas han luchado por preservar su cultura o la vida.

En la nueva configuración social del Estado español ya no había espacios para el diálogo intercultural, para la tolerancia, ya no se acepta a los que piensan, hablan, visten o se comportan de forma distinta. Así pues, desde el más férreo fanatismo religioso, los Reyes Católicos y la Iglesia Católica, por medio de la Inquisición, establecen los fundamentos ideológicos de las clases dirigentes: un único y absoluto poder político, una única religión, una única lengua, una única cultura y, por consiguiente, una única manera de ser y sentir. Como es obvio, en dicho contexto, los calós representan a personas peligrosa, difícil de domesticar y de controlar. En definitiva, su forma libre de vivir, su cohesión grupal y su sistema de valores no tienen lugar en la estratificación social que se impone. Por lo que se convierten en una amenaza nacional, a pesar de no presentar ningún hecho histórico de violencia. Sin duda, eran mal ejemplo para unos campesinos y aldeanos reducidos todos a la categoría de vasallos, los que resignadamente aceptaban la vida de servidumbre (Gómez-Alfaro, 2010; Leblón, 1987; Vega, 1997).

Si bien es cierto que de manos de los Reyes Católicos la unificación del reino se hizo realidad, pero la sociedad vivió cambios irreversibles; al punto que, de la diversidad se pasó a la hegemonía; de la interculturalidad, al etnocentrismo intolerante. En pos de la unidad nacional, buscando la homogeneidad en la solar patrio, los Reyes Católicos obligan a todos los residentes en España a adoptar el estilo de vida que ellos dictan. Como se ha podido apreciar, en muy pocos años fueron expulsados los judíos, se les obligó a los musulmanes su conversión al catolicismo y contra los gitanos se dictaron leyes para que abandonaran su forma de vida (Leblón, 1987; López de Meneses, 1971; Sánchez-Ortega, 1994; Vega, 1997).

Carlos I y el Pueblo Rroma/Gitano

Como bien indica Casado (1969), la primera vez que al emperador Carlos I se le presenta una cuestión relativa al Pueblo Gitano fue en las Cortes de Toledo de 1525, en la que se le solicita que se aplique la Pragmática antigitanas de 1499.

> 58.—I ten: que vuestra Magestad mande executar la prematica real que dispone que los die Egito no anden por el rey no, so las penas en ella contenidas, no enbargantecualesquier çedulas e facultades de vuestra Magestad que para ello tengan, y que de aqui adelante no ;sie den las tales çedulas, porque roban los canpos e destruyen las heredades, e matan e hieren a quien se lo defiéndé, e en los poblados hurtan e engañan a los que con ellos tratan, e no tienen otra manera de bivienda, e con la dicha execuçion se escusarian otros muchos dpnos e ynconvenientes que de la conservaçion de los dichos egiçianos se syguen en estos reynos.

A los tres años de la citada solicitud, en las Cortes de Madrid de 1528, nuevamente se vuelve a pedir que se aplique el castigo a los gitanos que no han abandonado su cultura. Sin embargo, en esta ocasión, además, se solicita que a los moros convertidos también abandonen su cultura, a pesar de que en 1501 se les obligó a convertir al catolicismo (Casado, 1969; Salinas, 2020).

> Se solicita que los moros convertidos sean «vesytados para que bivan en la fe que tomaron e no esten en la secta que antes estaban, pues de algunos se puede presumir que no esten juntos como estaban siendo moros, sino que salgan a vivir entre christianos».

Finalmente, la expulsión de los moriscos de España fue ordenada por el rey Felipe III y llevada a cabo de forma escalonada entre 1609 y 1613.

Las quejas de las Cortes en reiteradas ocasiones llevan al emperador Carlos I a dictar la disposición de Toledo de 1539, la que reforma, en cuanto a la penalidad, lo establecido en la Pragmática de 1499. La presente disposición impone la pena de años de galeras a los gitanos que no abandonen la Romipen (gitanidad).

> La Pragmática de Carlos I a 4 de mayo de 1539 en Toledo
>
> "Mandamos a las nuestras justicias los prendan y presos los que fueren de edad de veinte años hasta cincuenta, los lleven y envíen a las nuestras galeras para que sirvan en ellas por término de seis años al remo como los otros que andan en ellas ... y que en las otras personas que fueren de menos edad de los veinte y mayores de los cincuenta sean ejecutadas y se ejecuten las penas en las leyes y pragmáticas de estos nuestros reinos contenidos".

Con Carlos I se inicia el proceso en el ser gitano es sinónimo de ser un criminal, la forma de vida del caló es motivo para ser condenado. Asentándose las bases para que la gitanidad sea estigmatizada, creándose un estereotipo negativo (Martínez, 2004).

A pesar de la Pragmática de 1499 y de las distintas disposiciones, muchas familias gitanas se negaban al abandono de sus costumbres, lo que provocó un aumento del antigitanismo. La dignidad y entereza con la que los gitanos seguían viviendo sus viejas costumbres incitó a que los gobernantes se quejaran en muchas partes del reino. No cabe duda de que el Pueblo Gitano ha sido la resistencia contra el totalitarismo, la intolerancia, el racismo y la atrocidad. La patria de los Rroma es la libertad y por ella estaban dispuesto a dar la vida. Prefirieron el castigo de azotes, las galeras y el exterminio antes de perder su identidad.

Felipe II y el Pueblo Rroma/Gitano

Si el Pueblo Gitano entró en la Península Ibérica como peregrinos, a raíz del totalitarismo de las monarquías de los Austrias, se convirtieron en marginados. Como indica Martínez (2004), la represión y utilitarismo serán las señas durante este periodo histórico. Cabe destacar que, Felipe II potenció la pena de galeras para los hombres, instaurada ya por Carlos I, a lo que le sumó los azotes y el destierro para las mujeres.

Como señala Hernández-Sobrino (2017), si bien, bajo el mandato de Carlos I se hizo el esfuerzo para incorporar brazos con destino al servicio del mar, al mando de Felipe II se incrementó el esfuerzo, ya que, en 1571, año de la batalla de Lepanto contra los turcos, instaba a los jueces para que los condenados fuesen a cumplir su castigo en las galeras a la mayor brevedad posible. Según los datos de Thomson (1968, en Hernández-Sobrino, 2017), 158 personas de etnia gitana remaron entre 1586 y 1595 en las galeras reales, lo que representa el 2,9% del total. Cabe destacar que un 75% de estos gitanos provenía de Castilla y solo el 18% de Aragón, Granada y Valencia.

Siguiendo a Martínez (2004), durante el mandato de Felipe II, los calós fueron víctimas de las más crueles barbaridades, fueron condenas por el simple hecho de ser diferentes, sufriendo penas de destierro, azotes, vergüenza pública, etc. Sin embargo, aprovecharon el pretexto para imponer condenas que fuesen útiles para su reino. El Pueblo Gitano desde 1539 comenzaron a formar parte del material humano que se utilizó para cubrir las necesidades imperiales a coste cero. La mano de obra gitana era gratis, de ahí que los castigos impuestos fuesen las minas de Almadén y galeras, ésta última la más habitual y temida.

> "Los gitanitos del Puerto fueron los más desgraciaos, que a las Minas del Azogue se los llevan sentenciaos"
>
> Estrofa de una antigua toná

Por si fuera poco, el mal causado a los gitanos, en 1586 se dictamina un aumento en la restricción de movimientos. A las familias gitanas se les obliga a fijar su residencia de forma permanente, además, necesitaban para poder desplazarse desde su domicilio a las ferias y otros lugares. Es de resaltar que, en muchas ocasiones, las autoridades locales se negaban a que dichas familias residieran entre en sus localidades (Martínez, 2004). Sin lugar a duda, el antigitanismo es un enemigo de viejas raíces, no se ha gestado en los bajos estratos de la sociedad; más bien todo lo contrario, la semilla se gesta en las altas esferas del poder. Una vez generada, se siembra en el campo de la ignorancia. Sin negar la crueldad de los azotes, de las condenas a galeras y un largo etc., uno de los mayores males hechos contra los Rroma es la creación del estereotipo que se ha perpetuado durante siglos.

Felipe III y el Pueblo Rroma/Gitano

A comienzos del reinado de Felipe III, las quejas de los representantes en Cortes sobre la presencia de los gitanos en el país son continuas. Esto lleva al monarca a dictar en 1611 una Pragmática donde ordenaba a los gitanos que se ocupasen de la labranza de la tierra. De manos del monarca Felipe III aparece la Pragmática de 28 de junio de 1619, la que eleva mucho más las penalidades, puesto que prohíbe, bajo pena de muerte:

- Avecinarse en localidades con menos de mil habitantes.
- Usar trajes, nombre y lengua de gitanos.
- Comerciar con ganado.

Cabe destacar que en esta pragmática se les considera españoles. Pero, detrás de esta igualación ante la ley se esconde el malicioso plan de determinar por ley su no existencia, un etnocidio en toda regla (Motos, 2015; Sánchez-Ortega, 1994).

Felipe IV y el Pueblo Rroma/Gitano

Con la subida al trono de Felipe IV (1621-1665) comienza una nueva etapa, ya que se suprime el decreto de expulsión. Los gitanos pasan, por tanto, a formar parte del resto del país, por lo menos, desde el punto de vista legal. Por ende, las familias gitanas se establecen en las distintas ciudades y pueblo del territorio español. Cabe recordar que, al igual que sus antecesores, Felipe IV dictará una pragmática antigitana en 1633.

Después de esta fecha ya no se considerará imprescindible expulsarles, ya que la expulsión de los cerca de 300.000 moriscos que habitaban en la Península Ibérica, desde la perspectiva económica, fue un duro golpe para muchas regiones españolas. La expulsión de un 4% de la población perteneciente a la masa trabajadora, pues no constituían nobles, además de suponer un déficit en la recaudación de impuestos, el sur de España necesitaba habitantes que garantizaran la defensa en el caso de una invasión musulmana. Por lo tanto, del exterminio sistematizado, se pasó a la asimilación forzada con los castigos más feroces para quienes no cumplan con lo mandado (Belmonte, 2018; Martínez, 2017; Ortega- Sánchez, 1994; 2009).

> La Pragmática de Felipe IV
>
> "...Y mandamos a todas las justicias que teniendo noticia de que andan gitanos en su partido o salteadores, se reúnan todos y con la prevención necesaria de gentes, perros y armas, los cerquen, prendan o maten. Y si los prendieren, a los gitanos y gitanas que, por algunas causas justas, no merecieren pena de muerte ni galeras, queden esclavos por toda la vida..."

Felipe V y el Pueblo Rroma/Gitano

La entrada de la nueva corriente ilustrada que corría por Europa en el siglo XVIII, a la vez que España entronizaba a los Borbones, no supuso una mejora para el Pueblo Caló, más bien todo lo contrario. Las familias gitanas, a pesar de los avatares, resistían contra todo pronóstico por mantener su identidad cultural, por nada del mundo estaban dispuestos a dejar de ser portadores de la Romipen. Si bien no podían gritar a los cuatro vientos gitano soy; en el silencio gitanos eran. Lo que supuso seguir contradiciendo al totalitarismo imperante de la nueva monarquía.

Como evidencia Hernández-Sobrino (2017), por el año 1734, reinando Felipe V, como no había suficientes soldados para el Ejército, se prendió a vagabundos y gitanos para obligarles a incorporarse a la milicia. Así se formaron en Cádiz los batallones que debían marchar a Italia para recuperar los territorios perdidos tras la guerra de Sucesión.

Felipe V en octubre de 1745 emitió una real cédula que apremiaba específicamente al Pueblo Gitano, en la que se les obligó a trasladarse a las ciudades que figuraban en aquella. En Andalucía estas ciudades eran Carmona, Córdoba, Antequera, Ronda, Jaén, Úbeda y Alcalá la Real. En el caso de Sevilla, como no estaba incluida en la lista, las familias gitanas que residían allí, concretamente en Triana, tuvieron que abandonar sus hogares para no ser declarados bandidos públicos y, en consecuencia, detenidos. Cabe resaltar que, además, en el caso de los hombres se les darían 200 azotes y serían condenados a seis años de galeras, y a las mujeres, 100 azotes (Hernández-Sobrino, 2017).

En resumidas cuentas, Isabel I Castilla y Fernando I de Aragón llevan al Pueblo Gitano al extremo de volverse sedentarios y se ponen a trabajar como lo hacen todos los vasallos o lo exterminan (Leblon 1997). Al punto que, con la Primera Pragmática dictada por los Reyes Católicos en 1499, se inicia un tiempo expulsiones continuas en la que aparecen 250 providencias formales, entre ellas 28 Pragmáticas Reales y Decretos del Consejo de Castilla y más de 20 edictos publicados en Cataluña, Navarra, Granada y Valencia, con la finalidad de exterminar una cultura por el simple hecho de ser diferentes. Obligando a los gitanos a abandonar forzosamente sus elementos propios de identidad, entre ellos destacan su trabajo. Por motivos ajenos a la voluntad de las familias gitanas, las leyes impuestas, antigitanas, las que privaron a dicho pueblo de la posibilidad de hacer lo que sabían hacer, su expresión de arte y capacidad para producir riquezas. Imponiéndoles a la realización de trabajos ajenos a su motivación, reduciéndolos a las más terribles miserias.

Como es evidente, el bagaje cultural del pueblo gitano era muy rico, antes de entrar a la Península Ibérica habían recorrido desde la India hasta los extremos de Europa. Por lo que sus conocimientos eran multiculturales y variados, destacando en sus capacidades de tratar los metales, la doma de caballos y la cacería con perros, además de sus habilidades comerciales, entre otras cosas. Sin embargo, para la propuesta hegemónica, aniquiladora de la diversidad, la libertad propia del gitano eran una amenaza. Por ende, la Europa conocida en el siglo XXI, era la que necesitaba un pueblo que no estaba limitado por las fronteras y la actuosidad de mente.

Capítulo 4
La Gran Redada de 1749

Y a la orilla de un río yo me voy solo y yo me pongo a coger varetas por la mañana. Temprano me pongo y hago mi cesta. Vente conmigo a mi casa que está a la vera de un río, y entre varetas y cañas nacen rosales bravíos

Joaquín Carmona, "El Canastero"

El delito de ser Gitano

Uno de los sucesos más malvados de la Historia de España, que constituyó el culmen de la saña persecutoria antigitana, es la Gran Redada de 1749 o la Prisión General de Gitanos. Siguiendo a la Otra Andalucía (2020), "se trató del intento de genocidio más antiguo de la Historia Universal". Sin embargo, no fue más que una línea de continuidad del proceso de gestión política y legislativa de la cuestión gitana.

Cabe destacar que lo ocurrido el 30 de julio de 1749, no fue fruto del azar; más bien todo lo contario, contando con un plan desde hacía mucho tiempo antes que fue amparado en un procedimiento legal. Es más, la estrategia para el exterminio del Pueblo Gitano fue diseñado por la alta instancia legislativa de España que eran el Consejo de Castilla, gobernado por Gaspar Vázquez de Tablada, a la sazón Obispo de Oviedo y por el Marqués de la Ensenada, secretario de Estado (equivalente a un presidente del gobierno actual), el instigador y promotor de la Gran Redada. En pocas palabras, todos los poderes del Estado se concitaron para diseñar el macabro plan con el fin de exterminar al Pueblo Gitano (Gómez-Alfaro, 1991; Otra Andalucía; 2020).

Es preciso señalar que en 1721 se constituyó la llamada Junta de Gitanos, órgano gubernamental que llegó a la conclusión que para erradicar al Pueblo Gitano era necesario su exterminio, ya que las políticas que se habían ejecutados era todas inútiles. La destrucción sistematizada del Pueblo

Gitano contaba con un hándicap, el asilo en sagrado o eclesiástico, una ley del medievo en la que persona que era perseguida por la justicia podía refugiarse a la protección de iglesias y monasterios. Basada en el concepto jurídico de que cualquier oprimido por las leyes de su país podía ser protegido por otra autoridad, fuese civil o religiosa, y derivaba de la antigua costumbre de la hospitalidad (Golmayo, 1885). Por lo que, los altos cargos de la Iglesia Católica de España, negoció ante la Santa Sede la retirada de tal derecho a las personas gitanas. Finalmente, el Papa Benedicto XIV accedió a ello, en 1748 anuló el asilo eclesiástico al Pueblo Rroma, por lo que, dicho pueblo quedó completamente vulnerable (Martínez, 2017; Otra Andalucía; 2020).

Como indica Martínez (2017), el acuerdo del Consejo de Castilla fue arrestar de forma masiva a los gitanos con la finalidad de sacarlos de España para enviarlos divididos en corto número a las provincias de América, donde se les diese qué trabajar con utilidad en reales fábricas y minas. Para Vázquez Tablada y el resto del Consejo no era suficiente la integración forzada del Pueblo Gitano, ya que daba por sentado que todos los gitanos eran delincuentes o sospechosos de serlo. Por lo que, había que exterminarlos incluso a los que ya estaban integrados, siendo utilitarios para el bien del reino (Gómez-Alfaro, 1991).

El 5 de julio de 1747, Vázquez Tablada hace a Fernando VI una consulta, en la que acentúo el fracaso del sistema de leyes antigitanas, sugiriendo que se tomaran medidas radicales para extirpar el mal del reino, los gitanos. La propuesta del obispo de Oviedo es de los primeros casos de genocidios en la Historia de Europa, dado que se trató de una propuesta que conllevaba un conjunto de acciones planificadas y coordinadas que tuvieron como finalidad el exterminio de un grupo étnico. En definitiva, para exterminar a los gitanos no hubo más delito que "ser gitano" (Gómez-Alfaro, 1991, Salinas, 2020).

Figura 11
Responsables de la Gran Redada de 1749

Nota. Elaboración propia. Fotografías de, Wikipedia, 2023 (https://acortar. link/ljKAZM)

La estrategia malvada de destruir a los gitanos

La propuesta del obispo Vázquez de Tablada fue aprobada por Fernando VI, quien delegó en Zenón de Somodevilla y Bengoechea, quien pertenecía a una familia de hidalgos, sin embargo, ascendió progresivamente en la carrera burocrática gracias a sus labor como organizador de la escuadra española destinada a reconquistar Nápoles para el príncipe Carlos (el futuro Carlos III de España) durante la Guerra de Sucesión de Polonia (1733); sus servicios fueron premiados con el título de Marqués de la Ensenada en 1736 (Fernández y Tamaro, 2004).

El Marqués de la Ensenada se encargó de ejecutar, coordinar y diseñar el intento de exterminio conocido como Prisión General de Gitanos o Gran Redada de 1749. Cabe destacar que la orden para la Gran Redada se realizó en el más estricto secreto y con la mayor alevosía. Al punto que no que no hubo una orden impresa (Gómez-Alfaro, 1991; Salinas, 2020).

La estrategia se organizó desde el ámbito del Despacho de Guerra, una institución del Estado absolutista. Las instrucciones fueron elaboradas meticulosamente para cada ciudad donde había familias gitanas asentadas. Por un lado, las ordenes iban introducidas en un sobre que se remitieron a los capitanes generales, previamente informados, que escogieron a las tropas en función de la ciudad a la que debían dirigirse. Así mismo, se añadió una copia del decreto del nuncio e instrucciones para los obispos de cada diócesis. Por otro lado, de forma específica la orden debía ser entregada al corregidor por un oficial del ejército enviado al efecto. Cabe matizar, que dicha las instrucciones no se podía abrir antes del día señalado, en la que debía de estar presente el corregidor y el oficial, a fin de que la operación se hiciera simultáneamente. Además, se dieron instrucciones concretas para cada oficial, que se encargaría de las tropas que realizarían los arrestos. Así mismo, nadie de los que ejecutaban el plan conocían hasta el último momento cual era el objetivo de su misión. Finalmente, a las doce de la noche, del 30 de julio de 1749 comenzó la Gran Redada (Gómez-Alfaro, 2000; Martínez, 2012; Vargas, 2015).

Figura 12

Real orden para la prisión de los gitanos

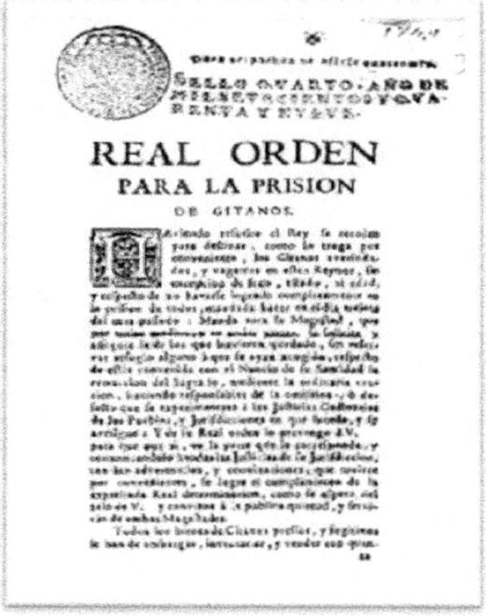

REAL ORDEN
PARA LA PRISION
DE GITANOS.

Nota. Adaptado de Historia y cultura del pueblo Gitano: Exposición por J. Salinas, 2020, p.8. Asociación de Enseñante con Gitanos.

La ejecución del fatídico plan

Las instrucciones que habían recibido todos los actores que implementarían la Gran Redada estipulaban que, una vez abierto los sobres, era necesario mantener una breve reunión para coordinar las acciones entre el ejército y las fuerzas de las fuerzas de orden público locales (alguaciles, etc.). Como señala Vargas (2015), en el caso de la localidad de Carmona se planificó la operación sobre el plano de la ciudad. Planearon cortar las calles a fin de evitar que las familias gitanas pudiesen huir. Una vez arrestadas las personas gitanas, comenzaron a indagar los datos de los detenidos con los del censo de la ciudad. Fueron interrogadas para conocer el paradero de sus familiares ausentes.

Ejecutar el malvado plan fue fácil, ya que había 881 familias gitanas asentadas en 75 poblaciones concretas.

Figura 13
Las 75 poblaciones donde estaban asentadas 881 familias gitanas

Nota. Adaptado de Historia y cultura del pueblo Gitano: Exposición por J. Salinas, 2020, p.8. Asociación de Enseñante con Gitanos.

En Andalucía, tradicionalmente la región española con más presencia gitana se produjo el mayor número de capturas, especialmente en los Reinos de Sevilla y Granada, a pesar de que a poblaciones. Como indica Martínez (2012), a las mil personas capturadas en Andalucía hay que agregar que muchas vidas fallecieron, las que fueron capaces de huir y algunas que quedaron libres antes de ser computadas, así como las capturadas en localidades que no fueron incluidas en primera instancia, por lo que la cifra aproximada debió rondar los 5.500 individuos en Andalucía.

En el caso de Murcia, a las últimas horas del 30 de julio de 1749, Diego Manuel Mesía y Barrionuevo el corregidor, recibe de Lorenzo Ceca, teniente coronel del regimiento de dragones de Frisia, un sobre lacrado procedente de Madrid, el sobre con las órdenes: "con el máximo sigilo y prontitud", proceder al arresto de la totalidad de gitanos de la localidad, hombres, mujeres y niños. Sin lentitud, comenzaron según la estrategia señalada. Cabe resaltar que la disposición de las zonas donde residían los gitanos, ya que estaban las casas repartidas en núcleos separados de la ciudad, formaron cuatro grupos, cada uno de ellos con un alcalde mayor, un oficial de dragones, un escribano, ocho ministros de justicia y 30 soldados. El asalto a las familias gitanas comenzó a la una de la mañana. Con prisa y máxima cautela, adelantaron a varios soldados para confirmar la quietud de las casas, las tropas rodean las edificaciones señaladas y proceden a la detención de todos los que viven en ellas, que no opondrán la menor resistencia. Finalmente, a las cuatro de la madrugada finalizo la operación en la que se encadenaron a las personas gitanas llevándolas a la cárcel real de Murcia. Las viviendas fueron custodiadas, a la vez que un escribano toma nota de la totalidad de bienes de los detenidos (Jiménez, 2019).

Intento de aniquilación de las familias gitanas

Tras el arresto, los gitanos fueron separados en dos grupos: todos los hombres mayores de siete años en uno, y las mujeres y los menores de esa edad en otro. Mientras que mujeres y niños pequeños fueron ingresados en cárceles y fábricas. Los hombres fueron enviados a trabajos forzados en los arsenales militares de Cartagena, La Carraca (Cádiz) y El Ferrol, en su mayoría, y el resto a las minas de Almadén y a los presidios africanos, ya que el Cuerpo de Galeras había sido clausurado al desaparecer el peligro naval turco y berberisco en el Mediterráneo. En el caso de las mujeres y los niños fueron apresados en las ciudades de Málaga, Valencia y Zaragoza. Mientras que las madres fueron destinadas tejer, los niños menores de 8 años trabajaban en las fábricas. Como matiza Vargas (2015), el rasgo más cruel del intento de exterminio fue la separación de las familias gitanas, ya que es evidente que lo que se pretendía era impedir los nuevos nacimientos. Sin duda, La Carraca (Cádiz), las minas de Almadén y la Alcazaba de Málaga fueron el prototipo, en versión española, de los campos de exterminios como fueron Auschwitz o Birkenau. Se debe tener en cuenta que cientos de familias gitanas que eran vecinas, estaban empadronadas; en algunos casos, matrimonios mixtos (gitanos con payos), que tenían oficio, sin ton ni son pasaron a ser esclavos, privados de libertad y de poder seguir siendo gitanos.

Hay que destacar, que se les embargó y subastó sus bienes para pagar los gastos de su traslado a prisión. Lo peor de todo fue la separación de las familias, por lo que muchos de ellos intentaron escapar de sus cadenas y otros entraron en una profunda depresión (Gómez-Alfaro, 2000; Martínez, 2012).

Figura 14

Destinos de las víctimas de la Gran Redada

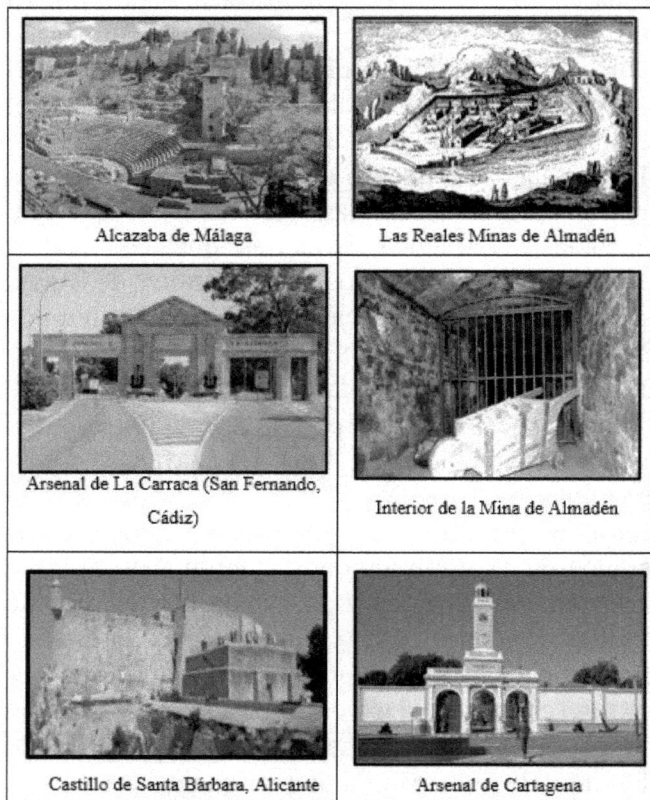

Alcazaba de Málaga	Las Reales Minas de Almadén
Arsenal de La Carraca (San Fernando, Cádiz)	Interior de la Mina de Almadén
Castillo de Santa Bárbara, Alicante	Arsenal de Cartagena

Nota. Elaboración propia. Fotografías de, alamy 2023 (https://acortar.link/ljKAZM)

Familias gitanas avecinadas

Es necesario matizar que la Gran Redada fue la demostración que la integración del gitano en España no era suficiente para muchos de los malvados gobernantes. Lo que verdaderamente perseguían era la aniquilación al completo de dicho Pueblo Caló. De hecho, la redada se ejecutó con éxito ya que muchas familias gitanas estaban integradas, avecindados desde generaciones y, en su mayoría, con oficio reconocido (Jiménez, 2019).

Sirva de ejemplo las familias gitanas que residían en Madridejos (Toledo), en el caso de la familia Losadas, avecindados desde hacía varias generaciones en la localidad. Eran dueños de tierras y ganados, cofrades de diversas hermandades y teniendo sepultura propia en la parroquia. Sin embargo, esto no era suficiente para impedir que fuesen convertidos en esclavos de la corona (Jiménez, 2019; Zoido-Naranjo, 1999).

Otro claro ejemplo de la integración del Pueblo Gitano es el testimonio del corregidor de El Puerto de Santa María, quien, a pesar de obedecer las órdenes, escribió, manifestando su indignación: "nada que reprochar a sus conciudadanos gitanos". Ya que no habían cometido ningún delito, siendo personas nacidas en sus domicilios familiares (Jiménez, 2019; Zoido-Naranjo, 1999).

Caso similar lo sucedido con las familias gitanas que residían en Jerez de la Frontera, el corregidor ante la propuesta de apresar a los gitanos pidió instrucciones acerca de cómo debía de hacer, ya que la familia de apellido Monge era una de las más respetada de la ciudad, "que además de ser muy necesarios y útiles para la labranza" son reconocidos "diferentes" a otra clase de familias "por su aplicación al trabajo y modo de comportarse" (Jiménez, 2019; Zoido-Naranjo, 1999).

Es importante matizar que, pese a la meticulosa planificación, lugares como Cataluña y jurisdicciones como las de Málaga, Cádiz y Almería fueron omitidas del operativo efectuado el 30 de julio de 1749, por lo que, en agosto del mismo año hubo que repetir una nueva orden de prisión (Jiménez, 2019; Martínez, 2012; Zoido-Naranjo, 1999).

Casi en su totalidad, los gitanos no opusieron resistencia, incluso muchos, que en un primer momento huyeron de sus pueblos, se entregaron días después de forma voluntaria. En Vélez-Málaga, cuando llegaron las partidas militares, los gitanos, ante el asombro de los soldados, se dirigieron voluntariamente a la cárcel. Finalmente, se prendieron entre 9.000 y 12.000 gitanos de toda España (Martínez, 2012).

La reconducción de la redada

El maléfico plan de exterminar a los gitanos satisfacía el afán de destrucción de los altos cargos del gobierno, sin embargo, traería grandes consecuencias para la vida social de los municipios españoles, ya que la aportación de las personas gitanas era de estimado valor para su buen funcionamiento. De ahí que, al poco tiempo de producirse la redada, no tardaron en llegar muchísimas peticiones solicitando la liberación de muchos de los calos apresados y que habían dado muestras sobradas de "vivir honrosamente". Si el imperio de la ley se sustenta en la presunción de inocencia; en el caso del Pueblo Gitano, primero eres culpable; después se demuestras la inocencia. Si bien es cierto que en mucho caso era propio humanitarismo, también había una legítima necesidad económica. Prueba de lo expuesto es que el Ayuntamiento de Málaga en uno de sus plenos solicitó a Madrid que hiciera una excepción con los gitanos de la ciudad, ya que se trataba de personas que "gozaban del fuero de castellanos viejos [...] y han estado muy aplicados a su trabajo de herreros por lo muy útil y necesario que es en esta ciudad" (Jiménez, 2019; Zoido-Naranjo, 1999).

Por otro lado, la llegada masiva de gitanos a los arsenales militares provocó la queja los responsables, ya que los calós eran considerados "inútiles" para trabajar en dichos lugares. Ante las innumerables quejas, las cuales venían incluso de la propia nobleza, propició que se hiciera un nuevo decreto, en octubre de 1749, en el que se ordenaba la puesta en libertad inmediata y restitución de los bienes de todos aquellos gitanos considerados "honrados". Cualidad que se demostraba al tener domicilio fijo, trabajo, documentos de castellanía, etc. Se estima que unas 5.000 personas gitanas fueron puestas en libertad. Sin embargo, las familias gitanas que recuperaron su libertad no estaban empoderadas como para reclamar lo bienes que le habían quitado, de modo que perdieron casi todas propiedades, ya subastadas, tuvieron que rehacer sus vidas prácticamente de cero.

Es necesario subrayar que más de 7.000 personas gitanas, no pudieron dar evidencia de su "honradez", por lo que quedaron condenados por unos 16 años de penurias y padecimientos, incrementados por la incomprensión que experimentaban ante el indulto de otros calos en su misma situación (Jiménez, 2019; Martínez, 2012). Durante toda la década de 1750 comenzaron alguna que otra liberación, las que, en muchos casos se debieron a los lamentables estados de salud de aquellos hombres gitanos que fueron explotados en trabajos forzados. Es necesario enfatizar que los gitanos y jamás dejaron de reivindicar su inocencia y solicitar su libertad en desgarradoras cartas a las autoridades. Sirva de ejemplo la carta que escribieron en el arsenal de La Graña (1764) un grupo de muchachos gitanos que estaban esclavizados desde su niñez, apenas superaban los 8 años, que no habían conocido más vida que la prisión, por lo que "con la más humilde y respetuosa veneración" solicitaron su libertad suplicando "V.E. les mire con ojos de misericordia" (Jiménez, 2019; Zoido-Naranjo, 1999).

Con la entrada del nuevo rey, Carlos III, se puedo fin al triste y maléfico plan de exterminio contra los gitanos. En 1763 se decretó la puesta en libertad de aquellos gitanos que fueron apresados vilmente. Sin embargo, la orden no se ejecutó hasta 1765 cuando los últimos calés presos, muchos de ellos ya ancianos, regresarán definitivamente a sus hogares.

Capítulo 5
Período de asimilación forzada

Es un castillo de pena,

Con torres de sufrimiento

Tu misma los fabricaste

Cuando dijiste lo siento

¡Na,na,na es eterno!

Melchor Santiago

Carlos III y el Pueblo Gitano

Como se ha podido apreciar en el capítulo anterior, con la entrada al trono de Carlos III hay un nuevo aire para aquellas familias gitanas. La última Real Pragmática fue la de 1783, inspirada en las ideas del "despotismo ilustrado", que planteaba el problema gitano, en otros términos, puesto que tiene como objetivo eliminar algunos aspectos de severidad que se contenían en las pragmáticas anteriores. Por fin, vino el reconocimiento como ciudadanos españoles y no como una "raza infecta". Sin embargo, dado que era "todo por el pueblo; pero sin el pueblo", propio del despotismo de la época, el precio que debían de pagar aquellas familias del Pueblo Rroma era tan elevado como la pérdida de sus señas de identidad. A partir de este momento, comienza el proceso de integración del Pueblo Gitano, pudiendo elegir libremente el lugar de su residencia y el tipo de oficio que deseen. A modo que, nadie (Ayuntamientos, comunidades, gremios, eclesiásticos o particulares) puede negar residencia y trabajo a una persona por el mero hecho de ser gitano. Si bien es cierto que legalmente cambió el marco legal para las personas gitanas, se les prohíbe cualquier manifestación de las diferencias de nuestra cultura y costumbres (Gómez-Alfaro, 2010; Grande, 1999; Leblón, 1987; Martínez, 2017).

Cabe destacar que, con la asimilación forzada aparece un etnocidio contra los Rroma, ya que, desde el poder más elevado de la sociedad, de forma sistematizada y sistémica se ejecuta un plan en el que debe desaparecer todo vestigio de la Romipen. Al extremo que se elimina el término "gitanos" y en ningún escrito puede aparecer la palabra, ya que los gitanos "no existen". Quedando determinantemente prohibido cualquier manifestación de la gitanidad, al punto que se eliminó la palabra "gitano", ni siquiera podía aparecer en ningún escrito, ya que los gitanos "no existen". Como es obvio, las familias gitanas que no se sometieran a dichas normas su castigo sería la pena de muerte. Como indica Martínez (2019), excepto ciertos retoques favorables hacia el Pueblo Gitano, la represión persistió, puesto que la desconfianza y la presunción de culpabilidad seguían latentes. Por lo que, las personas que infringieran dichas normas debían asumir el castigo corporal, lo que implicaba la pena del sello o hierro candente. Solo bastaba el uso de las vestimentas propias de la cultura o el uso de su propia lengua para ser culpables de tan terribles castigos (Gómez-Alfaro, 2010; Leblón, 1987; Martínez, 2017).

Figura 15
Real Pragmática 1783

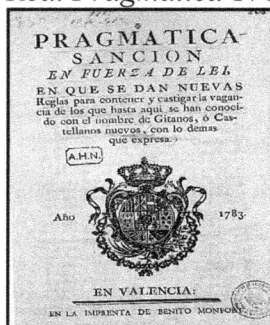

Nota. Adaptado de Historia y cultura del pueblo Gitano: Exposición por J. Salinas, 2020, p.19. Asociación de Enseñante con Gitanos.

Félix Grande (1999), a este respecto, nos dice:

Hasta el Despotismo Ilustrado, y aún en la primera etapa de esa época, las sucesivas monarquías emitieron leyes encaminadas a borrar la otredad del gitano, disponiendo en ocasiones la puesta en marcha de castigos a los que debemos llamar sanguinarios. Pero la ilustración despótica, en vista de que los procedimientos tajantes no habían dado el resultado deseado, cambiará la táctica y atacará más globalmente y con mayor astucia: ahora ya no se les perseguirá, siempre y cuando ellos renuncien hasta al derecho a sentirse gitanos. Les lanza el señuelo de la integración, pero no omite la amenaza. Carlos III les ofrece su bendición, como a cualesquiera otros ciudadanos de la España ilustrada, pero dispone que los nómadas que no se dejen reducir sean marcados en la espalda con un hierro ardiente que llevare las armas de Castilla (pág. 255-256).

Si disposiciones de este tipo no habían conseguido exterminar ni modificar sustancialmente el ser gitano, cabe pensar que el despotismo ilustrado vio claro que había que cambiar, ampliar y mejorar los procedimientos. Y lo hizo. La Pragmática de Carlos III, hecha pública el 19 de septiembre de 1783, y titulada "Reglas para contener y castigar la vagancia y otros excesos de los llamados gitanos" es el documento que convierte en ley el fin propuesto durante siglos de intolerancia, de incomprensión ante la autonomía de otros sistemas culturales, de exasperada soberbia y de desprecio y miedo a la otredad (pág. 259).

En definitiva, para que el Pueblo Caló pudiese estar en "igualdad" con el resto de las personas españolas, se les exigía el cumplimiento de las siguientes disposiciones (Movimiento contra la intolerancia, s/f):

1.	Estaban obligados al abandono de sus vestimentas y formas de adornarse, borrando toda seña de identidad de la Romipen en sus indumentarias.

2.	La erradicación del uso de la lengua romaní.

3.	La obligación del asentamiento en un lugar fijo, por lo que, debían de abandonar la vida transeúnte, propio de las familias que se dedicaban a la venta ambulante y tratantes de ganado. En el caso que no cumplieran dicha norma, los hijos menores de 16 años serían arrancados de sus padres y llevados a un orfelinato para aprender un oficio.

Cabe de destacar que muchas familias gitanas se resistieron a la asimilación forzada. Entre las razones se puede mencionar (Movimiento contra la intolerancia, s/f):

1.	No eran pocas las personas gitanas que se resistían al abandono de su estilo de vida de forma radical. Teniendo en cuenta que la propuesta era que tuviesen una vida más miserable, menos provechosa y mucho menos libre que padecían los gitanos asentados en zonas extremas de los pueblos y ciudades.

2.   Los estereotipos y prejuicios arraigados en la población no gitana obligaban a los gitanos a vivir en un estado marginal y de ostracismo.

Siguiendo a Aparicio-Gervás (2006), en la última década del siglo XVIII, en España residían más diez mil gitanos aproximadamente. Siendo el sur de la Península Ibérica donde estaban empadronados. Cabe destacar que la provincia de Cádiz sería la que contara con más presencia gitana, ya que albergaba a más del 16% del total de la población. El resto, entre las provincias siguientes: 4.004 en Sevilla, 2.999 en Granada, 735 en Murcia, 631 en Extremadura y 470 en Córdoba.

Figura 16
Constitución de Cádiz de 1812

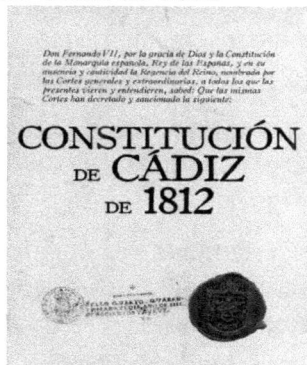

Nota. Adaptado de Historia y cultura del pueblo Gitano: Exposición por J. Salinas, 2020, p.19. Asociación de Enseñante con Gitanos.

El Pueblo Gitano en el siglo XIX

Los siglos XIX y XX contaron con fases de grandes convulsiones en la sociedad española. Sin embargo, el Pueblo Caló constituía la minoría más importante de España. Siguiendo a Ford (2008) y Calvo-Buezas (1998), con la Constitución de Cádiz de 1812 vino un avance importante para el Pueblo Gitano, puesto que se reconoció su situación jurídica como ciudadanos españoles. Con dicha Constitución se dejó atrás los antiguo criterios de la ciudadanía española ligada a la exigencia de residencia fija, ligándola ahora con haber nacido en territorio español (Jiménez-Fernández, 2018).

El Pueblo Gitano con Isabel II

Durante el reinado de Isabel II (1833-1868), bajo la regencia de M.ª Cristina, como venía siendo de costumbre, de nuevo vuelven a recordar a la justicia el cumplimiento de las promulgadas contra los gitanos. Así mismo se aparecen tres aspectos legislativos contra el Pueblo Gitano:

• Ley de vagos 1845. Será completada por la R.O. de Ministerio de Gracia y Justicia de 4 de abril de 1848:

"… llamar muy seriamente la atención del Gobierno hacia aquella clase de hombres que, sin arraigo de ninguna especie, ni amor al trabajo, que tan recomendable hace la clase proletaria, cifran todas sus esperanzas en los trastornos y la conculcación de los principios sociales. … No es nueva, sin embargo, en el mundo esta clase de nombres, perseguidos por la legislación de todos los países bajo el nombre de vagos".

• Real Orden 22 de agosto de 1847. Compra y venta de caballería. Dicta normas para evitar el robo de bestias y engaños "sobrados frecuentes entre gitanos". Por la que se obliga a los chalanes gitanos a llevar, además de papeles personales, un documento con el número y características de sus animales y otro documento donde se anotarán todas las transacciones de animales que se realicen. En el caso que no se aporte "en la inteligencia de los que no cumplan con estos requisitos sufrirán el decomiso de las caballerías que se le encontrasen, las cuales quedarán a disposición de las autoridades inmediatas para que se averigüe por las mismas su procedencia".

• Código penal de 1848:

"Articulo 7020. Pero a los que no hubiesen dejado traje, lengua o modales, y a los que aparentando vestir y hablar como los demás vasallos, y aun elegir domicilio, continuaren saliendo a vagar por caminos y despoblados, aunque sea con el pretexto de pasar a mercados y ferias, se les perseguirá y prenderá por la justicia...".

"Artículo 7022. ... La sala en vista de lo que resulte, ..., mandará inmediatamente sin figura de juicio sellar en las espaldas a los contraventores con un pequeño hierro ardiente... con las armas de Castilla".

Figura 17

Cuando gitano que bailó para Isabel II en 1862

Nota. Adaptado de Historia y cultura del pueblo Gitano: Exposición por J. Salinas, 2020, p.19. Asociación de Enseñante con Gitanos.

Es de mención especial que la Guardia Civil se creó como fuerza de orden público, y única para todo el Estado, en 1844. Como indica Carrero (2013), se crea a fin de servir a los nuevos principios constitucionales, dada la imperante necesidad de imponer una unidad administrativa que aplicara el principio liberal como era la igualdad ante la ley en materia de seguridad a nivel estatal. Sin embargo, la "igualdad ante la ley" no era una condición para las personas gitanas. Por el simple hecho de serlo, ya estabas condenado a la culpabilidad. Prueba de ello es que la cartilla del Guardia Civil de 1845, en su capítulo II. Servicios de los Caminos, en el Artículo 10.º dice:

Vigilará escrupulosamente a los gitanos que viajen, cuidando mucho de reconocer todos los documentos que tengan; de confrontar sus señas particulares; observar sus trajes; contar las caballerías que lleven; inquirir el punto a que se dirigen, objeto de su viaje, y cuanto concierna a poder tener una idea exacta de los que encuentre; pues como esta gente, no tienen en lo general residencia fija y después de hacer robo da caballerías, u otra especie, se trasladan de un punto a otro que sean desconocidos, conviene mucho tomar de ellos todas estas noticias.

En definitiva, las leyes que han servido para garantizar la igualdad de trato para la sociedad mayoritaria, la Guardia Civil ha sido la encargada de vigilar y perseguir a los gitanos, sin ninguna presunción de inocencia; contrario, presuponiendo su delincuencia.

Figura 18
Reglamento de la Guardia Civil de 1845

Nota. Adaptado de Historia y cultura del pueblo Gitano: Exposición por J. Salinas, 2020, p.19. Asociación de Enseñante con Gitanos.

El Pueblo Gitano con Amadeo de Saboya y con la Primera República

Cabe resaltar que, tanto bajo el corto reinado de Amadeo de Saboya, así como en la Primera República, no hay evidencias de acontecimientos o hitos importantes en la historia del Pueblo Gitano. Sin embargo, la obra de Jiménez de 1853 (en Aparicio-Gervás, 2006), demuestra que, durante la segunda mitad del siglo XIX, el Pueblo Gitano desempeñaba oficios como la venta de ganado, chalaneo, esquileo de animales, venta de carne, venta de prendas de vestir, canastero, trabajo en la fragua y la herrería y el atender en el negocio de las posadas y mesones, principalmente.

El Pueblo Gitano con Alfonso XII

El apodado "el Pacificador", Alfonso XII, a pesar de un corto reinado, no fue indiferente con el Pueblo Gitano, prueba de ello es la R.O. 8 de septiembre de 1878. Mercados de Caballerías.

"... S.M. el Rey se ha servido disponer empiece a regir lo siguiente:

1. Los gitanos, chalanes y demás personas dedicadas ordinariamente a la compra, venta y cambio de caballerías, necesitaran ir provistos de cédula de empadronamiento y de la patente expedida por la

respectiva Administración económica en que se les autorice a ejercer su industria...

4. Todo traficante de caballerías a quien se encontrare por la guardia civil... sin alguno de los documentos... será detenido...".

El Pueblo Gitano con Alfonso XIII

Siguiendo el trabajo de Salinas (2020), será bajo el reino de Alfonso XIII, aparece la última norma o disposición específica para los gitanos, el Reglamento de 24/04/1905 relacionado con la Administración y régimen de las reses mostrencas.

"Las reses cogidas por la Guardia Civil o las autoridades, en cumplimiento de la Real Orden de 8/09/1878 a los gitanos y traficantes de ganado en las ferias y mercados.".

Es necesario puntualizar que desde dicha fecha todos los ciudadanos españoles están, teóricamente, en igualdad jurídica. Si bien, es cierto que no se mencionará a los gitanos en las leyes siguientes, pero la realidad social sigue discriminando a los gitanos sin concederles la presunción de inocencia.

El Pueblo Gitano en la Segunda República

La Segunda República española, si bien se erigió como un proyecto de construcción de ciudadanía y de garantía de derechos. En la que se pretendía seguir el principio de soberanía popular tuvo impronta judicial. Sin embargo, había las siguientes gradaciones: "gitanos", "moros" y "negros". Al punto que los "gitanos" representaban el otro interior para el pueblo soberano y los "moros" y los "negros", el otro exterior (Pérez-Trujillo, 2020).

Es de vital relevancia citar el trabajo del profesor Pérez-Trujillano (2020), quien analiza el racismo institucional que sufrieron los gitanos ante los tribunales durante la Segunda República española (1931-1936), destacando que el reglamento para la administración y régimen de las reses mostrencas, aprobado en 1905. Decía el art. 2:

Las reses cogidas por la Guardia civil o las Autoridades, en cumplimiento de la Real orden de 8 de septiembre de 1818, a los gitanos y traficantes de ganado en las ferias y mercados, sin documento que acredite la legítima posesión y sin que sea conocido su verdadero dueño, se considerarán mostrencas (que no tiene dueño conocido) y se regirán por este reglamento (Carmona-Heredia, 2021).

Con el presente reglamento, las personas por el simple hecho de ser gitanos perdían la presunción "iuris et de iure", la que puede definirse como aquella operación lógica por la que se tiene por acreditado un hecho desconocido a partir de otro sobre cuya existencia no existe duda, por su reconocimiento o prueba, que no admite prueba en contrario. Dado que los negocios en relación con las reses normalmente eran de forma verbal, no era usual dejar demostraciones documentales. Dichos tratos, como evidencian el hecho de que la doctrina categorizase la figura del adquiriente de buena fe sin otorgar un valor esencial a la tenencia de documentación. En estos casos la propiedad de un animal se demostraba mediante marcas o muescas, por medio del testimonio de terceros y, cuando fuera posible, de la otra parte contratante. A lo que se suma la imposibilidad de tener títulos de propiedad de animales que habían sido criados desde su nacimiento (Pérez-Trujillano, 2020). En definitiva, como expone Clavero (1914, en Pérez-Trujillano, 2020), este tipo de normas lo único que pretendían era que "los gitanos no son dueños, sino ladrones" (p.424).

Para pena de los romaníes-caló, el trazado judicial del racismo anti-romaní presenta una sorprendente continuidad que enlaza el sistema de la Restauración, la dictadura de Primo de Rivera, la República y la dictadura de Franco.

Capítulo 6
El cante gitano, origen del flamenco

Vivía errante solo en la vida

*Pero ahora que te tengo ya tengo alegría
Fui como un ave que va volando Que no
tenía nido, pero lo ha encontrado.*

*Yo a ti te quiero morena mía Y tú ya no te
alejas de la vera mía.*

Juan Antonio Jiménez, "Jero"

El cante gitano andaluz, base fundamental del flamenco

Como se ha citado anteriormente, una de las grandes aportaciones del Pueblo Gitano a la humanidad ha sido su expresión artística en el mundo del cante, baile y toque de guitarra. No es casualidad que las primeras evidencias históricas de lo que se conoce universalmente por flamenco, aparezcan justo cuando el término gitano está totalmente prohibido, ya que "no existe". El etnocidio del siglo XVIII asentó las bases para eliminar el término gitano de su expresión artística. Si bien es cierto que es motivo de debate el origen del término flamenco en referencia al estilo musical. Como indica Blas Infante (2022), la palabra flamenco en su significado actual aparece a finales del siglo XVIII. Atribuyendo la etimología a las posibles uniones de los siguientes vocablos árabes: felag-mengu (campesino tránsfuga), felaikum o felahmen ikum (labriego) y felagenkum o flahencou (cantos moros de las Alpujarras). Sin embargo, el profesor García Matos (1950) demuestra que no existe un solo caso en que se use en los siglos XVI, XVII y XVIII referida al folklore.

Cabe destacar que Antonio Machado Álvarez (1975), más conocido por su seudónimo Demófilo, quien fuera padre de los poetas Antonio y Manuel Machado, dijo:

Consta que solo se llama así a los gitanos, pudiendo acontecer, dada la índole y genialidad festiva y picaresca de la raza andaluza, que se dé este nombre a los gitanos por el color de su tez, moreno-bronceado, que es precisamente opuesto al blanco y rubio de los naturales de Flandes.

Así mismo, Antonio Cruz García, conocido artísticamente por Antonio Mairena (2004) dijo:

La evolución semántica del término flamenco se dio durante el siglo XIX, ya que en su sentido original se refería a una persona arrogante y fanfarrona, luego designo a los gitanos andaluces, más tarde, al cante puro gitano (soleares, seguiriyas, tonás, tangos, corridas o romances, alboreas, etc.), y a la postre, también el cante híbrido, resultante de la matización e impregnación de gitanería que experimentaron las canciones andaluzas (malagueñas, fandangos, sevillanas, alegrías, mineras, temporeras, tarantas, granaínas, cantes de trilla, nanas, etc.) y a la inversa.

Figura 19
El Planeta, Antonio Monge Rivero (1789-1856).

Nota. Elaboración propia. Fotografías de, Wikipedia, 2023 (https://acortar. link/ljKAZM)

Como indica Ropero (2004), hasta 1850 nadie cantó flamenco en Andalucía, a no ser gitanos. En los días del reinado de Fernando VII los cantos andaluces eran: fandangos, rondeñas, peteneras, etc. Así mismo, las coplas andaluzas, estaban emparentadas con el folclore castellano y morisco. Sin embargo, el cante gitano vivía encerrado en un ambiente hermético, sacral y privado. El cante de la Cultura Romipen se da en el seno de las familias con un clima de amistad, pasión e intimidad; donde los más ancianos ejercen de sumo sacerdotes del arte. De hecho, cuando canta los "viejos", los jóvenes y niños hacen silencio y ni se atreven a hacer compas, rinden sumo respeto a sus abuelos y tíos que "echan sentencias por la boca". Como decía tía Anica la Piriñaca, matriarca del cante: "cuando canto la boca me sabe a sangre" (RTVE, 1973).

Figura 20

Un grupo de gitanos en La Alhambra, Granada, en 1862

El primer registro histórico de un cantaor data de 1780, de un gitano conocido por Tío Luis el de la Juliana, cuyo nombre real probablemente fue Luis Montoya Garcés. Sin embargo, la escasa crónica, y principalmente la tradición oral, recoge a Tío Luis como una figura muy destacada del cante. No obstante, será Antonio Monge Rivero, conocido por el Planeta, (Cádiz, 1789-Málaga, 1856), el cantaor más antiguo que se tienen registros relativamente precisos, tanto de su existencia como de sus cantes. Según la información proporcionada por Estébanez Calderón (1874), El Planeta era un cantaor que se acompañaba él mismo tocando la guitarra. Décadas más tarde aparece otro gitano, baluarte del cante de la Cultura Romipen, Francisco Ortega Vargas, alias El Fillo, quien fue el principal discípulo del Planeta (Bohórquez, 2012; Fernández y Tamaro, 2022). El propio Gustavo Adolfo Bécquer inspirado en sus cantes escribió:

Sólo, lejos, se oyen, el ruido lento y acompasado de las palmas y una sola voz quejumbrosa y doliente que entona las coplas tristes o las Siguiriyas del Fillo (en Fernández y Tamaro, 2022).

Cabe destacar que, será a partir de 1860 a 1910, cuando aparecen los primeros cafés cantantes, será el momento para que el cante gitano salga de la vida privada de los calós para comercializarse. Será de la mano de un hijo de italianos, cuyo nombre es

Silverio Franconetti. Nació en Sevilla en el año 1.829, a los pocos años de su nacimiento se traslada su familia a Morón de la Frontera (Sevilla), allí paso su niñez. Siendo muy niño todavía, empezó a interesarse por el cante frecuentando las fraguas de los gitanos, siendo su maestro el Fillo. Será en la figura de Silverio en quien tomara nombre el primer café cantante, El Café de Silverio, donde empezaron actuando los más destacados artistas de aquella época.

Las condiciones sociopolíticas que se dieron por la amnistía oficial del 1783 a favor de los gitanos, promulgada por el rey Carlos III, permitieron que los gitanos pudiesen generar economía por medio de su arte. En aquellos días salieron a luz cantaores de la talla de los hermanos Pelaos, la casa de los Caganchos, Frasco el Colorao, Tomás el Nitri, quien recibió la primera Llave de Oro del Cante; Francisco Valencia Soto; conocido por Paco la Luz; Mateo Lazara, conocido por el Loco Mateo; Mª de las Mercedes Fernández Vargas, conocida por Merced la Serneta y otros muchos que se ocuparon de mantener la pureza del cante (Bohórquez, 2012; Fernández, s/f; Mairena, 2004).

Figura 20
Tomás el Nitri, con la Llave de Oro del Cante

Nota. Elaboración propia. Fotografías de, Wikipedia, 2023 (https://acortar. link/ljKAZM)

Si bien hay que admitir que el origen de la palabra "flamenco" sigue siendo un enigma, convirtiéndose en el término que expresa todas las modalidades del folclore de Andalucía. Pero, sin lugar a duda, su gestación fue en aquellas familias del Pueblo Gitano que, en diálogo intercultural con la árabe, la judía y la cristiana fueron dando forma a la esencia del arte que traían desde la India. Como indica el pianista internacional, Chano Domínguez (citado por Jabois, 2015), "cuando pones a flamencos y a músicos del Rajastán a cantar o tocar juntos te das cuenta de que vienen de una misma raíz. Sin duda, el flamenco encuentra su duende en la India, tierra de los gitanos".

No sería objetivo afirmar que el Pueblo Gitano que residía en Andalucía fueron los creadores del flamenco, si se entiende por crear hacer de la nada. Sin embargo, aquellos calós provenientes de la India, quienes custodiaban el eco más profundo del dolor y la penuria, de la rabia y la alegría, fueron forjando en diálogo intercultural, amalgamando los materiales musicales del folclore andaluz con las hermosas melodías y compases de su peregrinaje. Los cantes gitanos forjados han sido: las tonás, que se agrupan en de cantes que se realizan sin acompañamiento y que se conocen con el nombre de "martinetes", "carceleras", "deblas" y las propias tonás, que asentaron las bases para que surgieran el resto de los estilos; las siguiriyas, romances, alboreas, soleá, bulerías, tientos y tangos (Fernández, s/f; Grande, 1999; Mairena, 2004).

Si la aportación del Pueblo Rroma ha destacado en la contribución de la danza rusa, el doliente violín rumano, las melodías del pueblo húngaro; sin duda, es en el sur de la Península Ibérica donde el Pueblo Rroma/caló asientan las bases para la creación de una música llena de complejidad, diversidad, hermosura y fuerza comunicativa como son la música y danzas flamencas (Grande, 1999; Mairena, 2004). El devenir del cante gitano y sus aportaciones al folklore andaluz, el flamenco, es una de las evidencias de la capacidad dialógica de la Cultura Romipen. Las familias gitanas no han sido herméticas; por el contrario, han recibido los elementos que les aportaban otras culturas para enriquecer su estilo de vida. De hecho, sus formas de producir han estado vinculadas al compartir, vender, comprar, expresar arte, etc. Por lo que, han sido las políticas represoras y antigitanas las que han impedido que la riqueza cultural de los gitanos impregne a toda la península ibérica. Sin lugar a duda, España no sería España sin el Pueblo Gitano.

El devenir del cante gitano es una pequeña muestra del potencial que posee el Pueblo Caló. Haciendo una breve síntesis, el tesoro que poseían los gitanos en forma de semilla se sembró con lágrimas y sangre en la tierra de Andalucía generando un arte que se dio a conocer en entornos familiares, bien en reuniones muy restringidas a un público concreto, bien en improvisados cantes en ventas y tabernas. Como se a expuesto, será mediados del siglo XIX serán en los cafés cantantes donde, tanto los artistas gitanos como los que no, podían desarrollar su arte. Siguiendo su cause, a mediados del siglo XX, se inicia la etapa de los tablaos flamencos, en el que destaca la figura Pastora Imperio, quien lo regentado por con la ayuda de su yerno Gitanillo de Triana. Cabe destacar que, será el propio Antonio Mairena la figura principal que impulsará el cante gitano en la localidad madrileña. Así mismo, otros históricos serán El Corral de la Morería, Los Canasteros, El Café de Chinitas, La Venta del Gato y Torres Bermejas. Sin menor importancia serán el Guajiro y Los Gallos, de Sevilla.

La grandeza del cante gitano fue proliferando, dado que personas excepcionales como Antonio Machado, conocido por Demófilo, Manuel de Falla,

Federico García Lorca, entre otros, quienes crearon las circunstancias para que el cante de la Cultura Romipen llegará a las masas. De hecho, en el Concurso de Cante Jondo de Granada (1922), organizado entre otros por Manuel de Falla y Federico García Lorca y de cuyo jurado formó parte la genial cantaora Pastora Pavón, la Niña de los Peines, será la aparición de un gitano sevillano, quien apenas con 12 años obtuvo el primer premio. Nada más ni nada menos que Manuel Ortega Juárez, Manolo Caracol.

Figura 21
Fotografía del siglo XIX, titulada "Café cantante".

Nota. Fotografía del siglo XIX, titulada "Café cantante". E. Beauchy, 1885 (https://acortar.link/ljKAZM)

Dada la envergadura de su arte, haría que los gitanos dieran el salto a los teatros, participando por primera vez en el teatro Reina Victoria de Sevilla y en Madrid debutó el 3 de agosto de 1922 en el transcurso de un festival flamenco desarrollado en la terraza de verano del teatro del Centro, hoy

109

llamado Calderón. En la figura de Caracol se consolida que el arte gitano sea expuesto en los teatros del mundo (Vega y Ruíz, 1988).

Figura 21
Manuel Ortega Juárez, Manolo Caracol.

Nota. Elaboración propia. Fotografías de, Wikipedia, 2023 (https://acortar. link/ljKAZM)

La grandeza del cante gitano andaluz atrajo el interés de los intelectuales, lo que provocó que el arte de los calós fuese expuesto en las universidades. En la década de los sesenta del pasado siglo, se dan recitales en espacios universitarios, participando los cantaores dando conferencias acerca del flamenco. Cabe destacar la figura de Antonio Mairena, quien fuera exponente en el Aula Magna de la Facultad de Derecho de la Universidad de Sevilla en marzo de 1969, acompañado por el guitarrista Manolo Brenes.

Figura 22
Antonio Cruz García, Antonio Mairena.

Nota. Elaboración propia. Fotografías de, Wikipedia,
2023 (https://acortar. link/ljKAZM)

El arte gitano cuanta con figuras como Juan
Valencia Carpio (Juanito Mojama), Tomás Pavón,
Joaquín Fernández Franco (Joaquín de la Paula),
José Fernández Granado (Perrate de Utrera), José
Salazar Molina (Porrina de Badajoz), Carmen
Amaya, Agustín Castellón Campo (Sabicas),
Fernando Fernández Monje (Terremoto de Jerez),
Manuel Soto Monje (Sordera de Jerez), Manuel de
los Santos Pastor (Agujetas), Antonio Núñez
Montoya (el Chocolate), Juan Peña Fernández (el
Lebrijano), José Cortés Jiménez (Pansequito),
Ramón Suárez Salazar (el Portugués), Juan José
Villar Jiménez (Juanito Villar), Fernanda y
Bernarda Jiménez Peña (Fernanda y Bernarda de
Utrera), Francisca Méndez Garrido (Paquera de

Jerez), Antonio Montoya Flores (Farruco), Juan y José Antonio Carmona (Los Habichuelas), Mario Maya, Manuela Carrasco y un largo etc. Cabe destacar, las figuras de José Monje Cruz (Camarón de la Isla) junto a Francisco Sánchez (Paco de Lucía) quienes han elevado toda la esencia de la Cultura Romipen a la enésima potencia.

No obstante, el merecido reconocimiento a nivel mundial le vendría el 16 de noviembre de 2010, cuando el flamenco es incluido como Patrimonio Cultural Inmaterial de la Humanidad por la UNESCO. Por lo que lo que se gestó en el seno de la Cultura Romipen pasa a ser patrimonio de todos los humanos.

Capítulo 7

El Pueblo Gitano en la Guerra Civil Española

Dame amor luna de plata dame amor hoy tengo el cuerpo frio sol dame calor estrella dame el fuego de tu corazón que estoy a oscuras.

Vicente Castro "Parrita"

El Gitano, un pueblo apartidista

La historia del Pueblo Gitano narrada desde la óptica del poder, cuando no está estereotipada, en el que "lo gitano" es un topo literario de marginalidad, la gitanidad brilla por su ausencia. Al punto que se les omite, no se dice nada de ellos, es como si durante ese tiempo no formaran parte de la vida social. Este es el caso del periodo que se vivió en España durante la Guerra Civil Española (1936-1939). Como es evidente, los seis siglos de antigitanismo en la Península Ibérica han pasado por distintos momentos. En tiempos de serenidad social, al racismo contra la población romaní está latente; pero, en situaciones turbulentas es cuando se manifestó desde la más cruda crueldad. Cabe resaltar los datos aportados por Martín-Sánchez cuando expone (2018): "al producirse el golpe de estado, los que quedaron en la zona sublevada fueron expulsados de los municipios donde vivían, pero también lo fueron de las colectividades en la zona republicana" (p.85). Datos que corroboran los testimonios orales del trabajo: "Documental sobre gitanos que vivieron la guerra civil española", producido por Nanuk Audiovisual (2020). A continuación, se exponen frases de los de cómo los gitanos mayores de Aragón la vivieron.

Estalló la guerra no sabíamos quién era rojo, franquista ni republicano. Porque el gitano de por sí, no somos políticos. No nos metemos en política, queremos vivir una vida tranquila, pacifica, trabajar comer y en felicidad.

117

Nos pilló de improvisto. Allí estábamos debajo de aquella Alcalá y sentíamos por las noches cosas que nos llenaban de horror. Eran carreras por aquí, carreras por allá; tiros por aquí, tiros por allá y todo eran gritos. Unos iban por aquí, otros por allá. Aquellos tiroteos eran para nosotros la cosa más fatal del mundo. Lo peor era que no sabíamos a donde íbamos a ir si estaba todo tan revuelto con el miedo que teníamos encima.

En una ocasión vi cómo fusilaban a tres personas, aquello fue un horror. Pero vi cómo el barrio lo celebraba como si fuese una corrida de toros. Durante tiempo dije: ¿Por qué no he nacido payo? ¿Por qué no tenemos una casa donde no pasar calor ni frío? ¿Por qué? Pero cuando vi lo que hacían los payos dije: ¡Viva mi madre que me parió gitano! Porque entre nosotros esto no existe. (los payos) ayer se abrazaban y se saludaban, hoy se odian y se matan.

¡Salir y correr, correr gitanos correr que están matando a medio pueblo! Gitanicos escaparos de aquí porque han matado hasta el curra, lo han quemado con gasolina. Entonces mi tío se levantó de la cama y dijo: ¿Qué es lo que pasa? Vino un capitán, coronel, general; no sé, de los que mandaban porque tenían muchas medallas. Y le dice: ¿Vosotros de qué partido sois? ¿De izquierda o derecha? Yo soy de izquierda desde que salí de tal sitio de mi madre. Lo dijo claro. Se le abrazaron otros gritando: ¡Viva los de izquierda! ¡Que se mueran los fascistas! ¡Hay que matarlos a todos!

Es de resaltar que todos los testimonios de documental matizan que la mayoría de los gitanos aragoneses su actitud era apolítica, no tenían ni idea del porqué los payos se estaban matando los unos a los otros. Para ellos todos los payos eran iguales, los rojos mataban a los franquistas. Pero, los de derechas también mataban a los de izquierdas. Las personas gitanas no comprendían el motivo de tanto horror (Nanuk Audiovisual, 2020)

Es de mención especial, que la población gitana mantuvo su apoliticismo, mostrando la mayor repulsa al enfrentamiento entre hermanos, primos y vecinos. El Pueblo Caló comparte una cosmovisión que se puede describir con cuatro jinetes destructores del Apocalipsis bíblico, poder, hambre, peste y la propia muerte (Tur, 2019). Si a Maximilano de Tébessa, se le reconoce como "el primer objetor de conciencia", el Pueblo Rroma ha sido un defensor a ultranza de la paz y el diálogo. Dado que las actividades bélicas son consideradas como inmorales y no entran en la cosmovisión que tienen, siempre ha creído que las guerras pueden ser evitadas.

Ceferino Giménez Malla, "El Pelé"

Ceferino Giménez desarrollo su existencia con la identidad gitana, haciendo de la Cultura Romipen su bandera, gitano de ley, cabal y mediador. En su infancia recorrió los caminos dedicándose a hacer canastos y a la venta de estos. Tras su casamiento con una gitana de Lérida, la tía Teresa Giménez Castro, se estableció su residencia en Barbastro.

Después, destacó como tratante de caballería, haciendo múltiples negocios por las ferias de la región: Cabe resaltar que, a pesar de a no contar de estudios, llego a ser un gran experto en el arte de la chalanería. Sus habilidades le redundaron en una buena posición económica, estando sus recursos siempre a la disposición de los más necesitados (Martín, 2005; Martín-Sánchez, 2018; Tur, 2019). El tío Pelé dada su alta devoción por la fe católica, dedicó su vida en favor de los más necesitado y se encargó que los niños de su municipio fueran formados en materias religiosas. Le gustaba dedicarse a la catequesis de los niños, a quienes contaba pasajes de la Biblia y le enseñaba las oraciones y el respeto a la naturaleza. Aquel gitano sencillo, al que le era indiferente las cuestiones políticas, se vio afectado por la terrible guerra de los payos, sin tener parte ni suerte en la contienda, de repente se vio involucrado. Ya que, en Barbastro, unos soldados se llevaron con violencia a la cárcel al cura del pueblo.

Figura 23
Ceferino Giménez Malla, "El Pelé".

Las personas de la localidad fueron indiferentes ante tales hechos, sin embargo, el gitano devoto salió en defensa. Por este motivo y por el "crimen" de llevar un rosario en el bolsillo fue detenido y puesto en prisión (Martín, 2005; Martín-Sánchez, 2018; Tur, 2019). Su estadía en prisión fue conocida por su capacidad de amar, por ser una persona buena e inofensiva. Ante tantas incertidumbres, el tío Pelé se refugió en la oración. Lo que provocó el enfado de los carceleros, al punto que sus compañeros de prisión le decían que fuese más prudente y discreto. Cabe resaltar que, el anarquista Eugenio Sopena, salió en defensa de su convecino. Al punto de acordar que si entregaba el rosario era posible su libertad. Al ver que la fe del beato gitano era inquebrantable, permitieron que su hija adoptiva, Pepita, hablase con él para que cambiase de opinión. Pero, Ceferino no estaba dispuesto a ceder, ya que estaba convencido que no estaba haciendo mal a nadie, lo único que hacía era rezar (Martín, 2005; Martín-Sánchez, 2018; Tur, 2019).

Figura 24
Talla de Ceferino Giménez Maya.

El día de su ejecución no se sabe con certeza, en la madrugada del sábado 2 o del 8 de agosto de 1936, lo fusilaron junto a las tapias del cementerio de Barbastro junto con otras personas que habían detenido. Al terminar la guerra se intentó darle sepultura junto a su mujer, como él hubiera querido, pero a pesar de los esfuerzos, no fue posible identificar su cadáver (Martín, 2005; Martín-Sánchez, 2018; Tur, 2019).

La fidelidad a la fe católica del tío Pelé fue reconocida, ya que era un gitano devoto que defendió la tradición y la religión hasta la propia muerte, siendo beatificado en 1997 por el Papa Juan Pablo II. Ceremonia que tuvo lugar en el Vaticano, contando con la presencia de más de 3.000 personas gitanas (Tur, 2019).

Helios Gómez

Pese a que el Pueblo Gitano no se posicionó a favor o en contra de ninguna de las facciones en lo que consideraba una disputa entre payos, aun así, hubo personas gitanas que, desde los primeros días del conflicto tomaron parte activa en el mismo. Como sería el caso de Helios Gómez, que fue pintor, escritor, anarcosindicalista, cartelista, ilustrador, revolucionario, dibujante, artista gráfico y poeta español (Sierra Alonso, 2018; Tur, 2019).

Helio entró en la CNT (Confederación Nacional del Trabajo) en 1923, y cuatro años más tarde, sus ideas libertarias le obligaban a exiliarse en París. Empezaba su largo periplo por Europa, empapándose del arte de la época.

Helios Gómez en los años 30 se comprometió con el comunismo y el anarquismo alternativamente. Cabe destacar que entre 1932 y 1934 permaneció en la URSS y, a su regreso, publicó una serie de reportajes escritos para el periódico catalán Rambla que tituló "Dos años entre los bolcheviques". Según sus datos, la Unión Soviética encarnaba la utopía de sociedad justa y feliz, en la que el Pueblo Gitano vivía incluido. Su vida estuvo dedicada al completo por y para la causa del pueblo obrero, ya que su conciencia de clase le vino de manos de su padre que era republicano, quien lo introdujo en la política, al punto que militó en el comunismo y el anarquismo (Sierra Alonso, 2018).

Figura 25
Helios Gómez.

Nota. Elaboración propia. Fotografías de, Wikipedia,
2023 (https://acortar. link/ljKseddM)

El ´artista del proletariado` defendió a ultranza la
grandeza de la Cultura Romipen, en pro del
reconocimiento de las competencias del Pueblo
Gitano. Denunció la imagen estereotipada con la
que la sociedad veía a los gitanos, en la se proyecta
"pintoresquismo, de picardía, de un falso casticismo
de pandereta". Gómez dejó claro con su propia vida
que el gitano no es vago, no es juerguista por
naturaleza y está capacitado, como cualquier otro
"para el trabajo, para el arte y para las concepciones
ideológicas" (Sierra Alonso, 2018). El gitano
trianero se implicó entonces en la lucha armada sin
abandonar la batalla de la propaganda gráfica. "La
pistola al cinto para combatir y en la mano el lápiz",
así lo retrató el periódico Crónica (18 de octubre
1936) (Sierra Alonso, 2018. p.91).

Figura 26
Las obras de Helios Gómez.

Nota. Elaboración propia. Fotografías de, Wikipedia, 2023 (https://acortar. link/ljKseIKM)

Los gitanos son víctimas en España de una injusticia tradicional. Se les ha hecho una atmósfera de pintoresquismo, de picardía, de un falso casticismo de pandereta. Hay quien no concibe al gitano sino como un ente arbitrario y enredador, o un motivo de diversión para la "juerga." No se quiere reconocer que los gitanos tienen la categoría de una raza conservadora casi en su pureza aborigen; una raza como la judía o la árabe, tan capacitada como cualquier otra para el trabajo, para el arte y para las concepciones ideológicas.

Helios Gómez

Su militancia con el comunismo duró entre seis a siete años. Durante la Guerra Civil luchó como como comisario político de la UGT, en frentes como Mallorca, Aragón, Madrid y Andalucía. Tras ser acusado de homicidio, por la ejecución de un capitán de su propio bando, el que aplicaba medidas disciplinarias extremas, la difusión de la noticia en el bando republicano se dio orden de quitarle la vida. En su huida a Madrid es acogido por los anarquistas

125

que lo protegieron. Se integró en la Confederación Nacional del Trabajo y en 1939 fue nombrado Miliciano de Cultura de la 26 División, antigua Columna Durruti dónde se encargaba de la dirección y maquetación de su diario oficial, El Frente (Luque, 2023).

Cabe destacar que la militancia política de Helios y la publicación de dibujos caracterizados por la denuncia social llevaron a este singular artista a la cárcel en numerosas ocasiones a lo largo de su vida. La última vez que fue detenido por una oscura causa de asociación ilegal, en la Cárcel Modelo de Barcelona pintó el fresco La Capilla Gitana y escribió un corpus poético. Permaneció en prisión hasta 1954 a pesar de existir una orden de liberación desde 1950. Finalmente, el 19 de septiembre de 1956 murió en Barcelona (Sierra Alonso, 2018; Tur, 2019).

Mariano Rodríguez Vázquez, Marianet

Una de las figuras más destacada del Pueblo Gitano en la Guerra Civil Española fue Mariano Rodríguez Vázquez, apodado Marianet (1909-1939). Aquel joven gitano que fuera desarraigado de su cultura, ya que se crío en un hospicio. Tras una adolescencia turbulenta, flirteando con la delincuencia, será su estadía en prisión en la que fue atraído por el ideal anarquista. La lectura las obras de los libertarios Sánchez Rosa, Reclus y Grave creó en él conciencia política, al punto que llegó a ser a ser secretario general de la CNT (Confederación Nacional del

Trabajo) en el transcurso de la Guerra Civil Española (Tur, 2019).

Como secretario del CNT desempeñó un papel muy importante en el devenir anarcosindicalista y la vida política y social durante el transcurso de la guerra. A la medida que se desarrolló la contienda, Marianet apoyó de forma activa al gobierno republicano de Juan Negrín. Como señala Tur (2019), Marianet apostó por para el avance del fascismo. Su objetivo principal era ganar la guerra, de ahí que su labor se centró en unir a grupos minoritarios antifascistas antes de llegar a la Revolución Social. Dichas acciones provocarían que sus compañeros de militancia le acusaran de dejarse embaucar por las ideas comunistas y traicionar la revolución anarquista.

Cuando el avance del fascismo era imparable, hacia el final de la guerra, abandonó España y se exilió en Francia, desde donde intento organizar la CNT. Así mismo, participó en la en la creación del Servicio de Evacuación de Refugiados Españoles (SERE) junto a otros políticos del arco político republicano. Finalemente, fue asesinado, murió ahogado, en el río Marne, en La Ferté-sous-Jouarre, el 18 de junio de 1939 (Nieto, 2012; Tur, 2019; Salvadó, 2013).

Figura 27
Mariano Rodríguez Vázquez, Marianet.

Nota. Elaboración propia. Fotografías de, Wikipedia, 2023 (https://acortar. link/ljdsZM)

Emilia Fernández Rodríguez, la Canastera

Una de las evidencias de la biofilia (amor por la vida) de la Cultura Romipen es la objeción de conciencia que ha demostrado a lo largo de los siglos. Las familias gitanas nunca se han mostrado dispuestas a participar en enfrentamientos bélicos. Este fue el caso de la familia de Juan Cortés y Emilia Fernández Rodríguez, quienes diseñaron las más estrepitosas artimañas para evitar el enrolamiento en el ejército. (Fernández, Jiménez-González, y Motos, 2015; Tur, 2019).

A principios de 1938, Emilia y Juan contrajeron matrimonio según las tradiciones gitanas, en la ciudad de Tíjola (Almería). En agosto de ese año, los gitanos fueron expulsados de su pueblo por el Comité Revolucionario, sin embargo, reclutaban a los jóvenes romaníes para defender su causa. En el caso Juan, cuando le tocó ir al frente de batalla, su esposa estaba embarazada. Para evitar su incorporación, Emilia preparó un líquido azulado con cardenillo (la pátina venenosa campos) y le echa a él unas gotas en los ojos. La estrategía le sirvió por un tiempo, dado que Juan perdío temporalmente la vida. Sin embargo, cuando los milicianos volvieron a pasar tiempo más tardes, pudieron comprobar que el joven gitano veía perfectamente. Lo que implicó que él ingresara en el Ingenio, pero a ella la enviaron a la prisión de las Gachas Colorás. Tristemente, la joven gitana fue condena por el juez a la pena de seis años de prisión (Quesada, 2020; Tur, 2019).

Figura 28
Emilia Fernández Rodríguez, la Canastera.

Nota. Elaboración propia. Fotografías de, Wikipedia, 2023 (https://acortar. link/ljKBZM)

Será en prisión donde experimente un deseo ardiente de consuelo con la religión. Aquella joven gitana que había aprendido a rezar el rosario, fue descubierta por la directora de la cárcel Pilar Salmerón Martínez, la que le propuso que delatase al grupo de personas que la habían enseñado a cambio de varias recompensas como la intercesión por su puesta en libertad y sacar a su esposo de prisión. El sentido de lealtad y el amor por la vida fueron los motivos por lo que la joven gitana, que no entendía de guerras ni apenas de religión, se negase a revelar el nombre de aquellas personas. Como consecuencia su castigada en una celda de aislamiento donde, en enero de 1939, da a luz una niña y dos semanas más tarde fallece (Quesada, 2020; Tur, 2019).

Como señala Tur (2019), cabe destacar que, tanto como en el caso de Ceferino como en el de Emilia, no se trata de personas gitanas que estaban adheridas a ninguna rebelión, ni mostraron apa

egos a ningún tipo de políticas. Ambos sufrieron en manos de personas intolerantes y hostiles con la religión católica y, sin lugar a duda, la identidad gitana ayudó a condenarlos sin piedad.

En definitiva, siguiendo a Fernández, et al. (2009), durante la Guerra Civil Española, la mayoría de las personas gitanas eran apartidistas, no tenían preferencias por ningún ideal, pretendiendo andar por el conflicto sin intervenir en ella. Sin embargo, si bien la padecieron como el resto de las personas, su padecimiento contó con el plus del rechazo racial.

La población gitana española soportó los temporales con el agravante del racismo, por lo que se le añadió sufrimiento al sufrimiento.

Capítulo 8

El Samudaripen: "la Gran Matanza"

¡Cuánta miseria y hambre!

¡Cuánto dolor y camino!

¡Cuántas afiladas piedras se clavaron en los pies!

¡Cuántas balas silbaron cerca de nuestros oídos!"

Bronisława Wajs – Papusza (1908-1987)

Samudaripen (Romanó)

Me gustaría aclarar que, dado la magnitud de los hechos y la corta capacidad de quien escribe, no es posible recoger en un capítulo un acontecimiento tan inmensurable, lo sufrido por el Pueblo Rroma en manos del nazismo. A continuación, se exponen las palabras de quien fuera presidente Federal de Alemania (1997, en Khetane, 2017):

El genocidio de los Sinti y los Rroma se llevó a cabo partiendo del mismo motivo de odio racial, con la misma premeditación, con el mismo deseo de exterminio total y sistemático que se llevó a cabo el genocidio de los judíos. Familias enteras, desde el más joven hasta el más anciano, fueron sistemáticamente asesinadas dentro de la esfera de total influencia de los nacionales socialistas.

Si se le pregunta a la mayoría de las personas: ¿Qué es el Samudaripen o el Porrajmos? De seguro que no sabrán. Sin embargo, si se pregunta: ¿Cómo se llama el genocidio nazi? Con mucha facilidad responderán, "Holocausto". Cabe matizar que dicho término ha sido el Pueblo de Israel quien lo acuñó. Teniendo en cuenta el paralelismo de lo sufrido por los judíos con el ritual de ofrendas que se ofrecían en los días del Antiguo Testamento. Según el libro de Levíticos (la Biblia), los retos religiosos judíos presentaban animales que eran quemados al completo. Estas ofrendas se denominaban en hebreo "oláh", término que significa "ascendente". Con la traducción de la Antiguo Testamento al griego, el término traducido fue "holókauston" (Trenchard,

1981; Vine, 1984). Por lo que, de la misma forma que las ofrendas veterotestamentarias eran víctimas inocentes, los miles de personas que sufrieron el exterminio eran inocentes, sin culpa; en definitiva, sin motivos para ser masacradas.

Es imprescindible valorar que dicho término sirve para expresar desde la perspectiva judía el sufrimiento de su pueblo. Sin embargo, el Pueblo Rroma/Sinti no se siente identificado con el término, si con la experiencia. Por lo que, con todo el derecho, acuñaron los términos Samudaripen y Porrajmos. Siguiendo a Jiménez y Agüero (2019), ambos "términos son los que se utilizan habitualmente para denominar el genocidio al que fue sometida la población gitana europea durante el régimen nazi (1933-1945) y que se extendió por 20 países europeos. No obstante, el término más adecuado es Samudaripen" (p.4). Según el propio profesor Hancock (2011), la cifra de víctimas probablemente asciende a 1.500.000 personas gitanas asesinadas durante el Samudaripen.

Figura 29

Civiles romaníes en Asperg, Alemania, siendo arrestados para ser deportados por las autoridades alemanas el 22 de mayo de 1940.

Nota. Elaboración propia. Fotografías de, Wikipedia, 2023 (https://acortar. link/ljKAZM)

Orígenes del antigitanismo en Alemania

Los antecedentes históricos originados en Alemania contra el Pueblo Rroma se remontan desde que llegaron a la Europa central en el siglo XV. Sin embargo, la cota más alta de maldad fue durante el dominio nazi. Como se ha podido apreciar, de la misma forma que con el franquismo, las estrategias para la aniquilación sistematizada contra los romaníes conto, por un lado, con un armazón represor; y por otro, las herramientas ejecutoras. Es decir, el nazismo no emerge de la nada; más bien contó con las estructuras jurídicas entre las que destacan: la conferencia en Múnich sobre la sociedad gitana en 1890, la creación de la Oficina para luchar contra las molestias gitanas y el censo del pueblo rom en 1922, y la recomendación de esterilizaciones a mujeres en 1928 (Moreno y Roas, 2015). En pocas palabras, el campo ya estaba listo para que geminará el odio y el desprecio más profundo contra los Rroma, al punto que, matar a un gitano era considerado eliminar a una plaga equiparada a las cucarachas.

El III Reich al poder

Fue tarea sencilla para el movimiento nazi excluir y aislar a los romaníes del resto de la sociedad germana, dado que simplemente tenían que aplicar las normas que estaban vigentes en la legislación del país. Al punto que las autoridades administrativas no tuvieron que aprender nada que no estuviesen acostumbrados, ya que el maltrato y la extorsión a los Rroma estaba justificada por el simple hecho de que eran gitanos (Blázquez, 2015).

No era de extrañar que con el ascenso de Hitler como canciller en 1933 el destino de los Rroma/Sintis estaba evocado al exterminio. En nombre de la preservación de la pureza racial, el III Reich puso en marcha políticas y actuaciones antigitanas, será en 1934 cuando ordenaron la esterilización y castración de la población gitana (Agüero y Jiménez, 2020; Moreno y Roas, 2015).

Rápido y con prisas, para 1935 aparece las leyes de Núremberg, el 15 de septiembre de 1935, el régimen nazi anunció dos nuevas leyes:

1. La Ley de ciudadanía del Reich.
2. La Ley para la protección de la sangre y el honor de los alemanes.

El III Reich con la promulgación de dichas leyes establecían las ideologías raciales, en la que justificaron que los nazis eran una raza superior, más evolucionada y en camino a la perfección; la raza aria. Considerando como razas inferiores gitanos y judíos. Por lo que, para la preservación de los más actos, era necesario el exterminio de todo lo que suponía una amenaza para el desarrollo de los alemanes. En definitiva, las leyes de Nuremberg fueron un paso importante para alcanzar esa meta (Enciclopedia del Holocausto, 2022).

Las leyes de Nuremberg cumplían con las expectativas de aquellos alemanes que democráticamente habían elegido a los nazis, ya que se les había prometido una Alemania en la que sólo serían ciudadanos los arios. Por lo que, solo mantuvieron la ciudadanía aquellas personas que eran de "sangre alemana o que tenían parentesco con alemanes". Lo que implicó que, tanto judíos como Rroma/Sintis perdieron el derecho a la ciudadanía y al voto. Como señalan Agüero y Jiménez (2020), "los criterios dispuestos en estas leyes para establecer qué personas eran consideradas gitanas eran exactamente dos veces más estrictos que aquellos que definían quiénes eran judías".

Si bien, para ser judío era necesario que uno de los abuelos/as fuese judía; en el caso de los gitanos, se consideraba como tal, si alguno de los ocho bisabuelos era gitano.

> "Solo nos quedaba la humillación, ya no nos sentíamos seres humanos, no sabíamos si éramos hombres o mujeres"
>
> Philemona Franz
>
> (Víctima del Samudaripen)

Los gitanos a campos de concentración

Será a partir de julio de 1936, cuando el ministro del Interior alemán estableciera el primer "campo de concentración gitano" (Zigeunerlager) en Marzanh, en las afueras de Berlín. Más campos para los romaníes se abrieron en Alemania durante la década del treinta. Los romaníes fueron deportados a los campos de concentración, tales como Buchenwald, Dachau, Sachsenhausen, Mauthausen, Auschwitz, Chelmno y Ravensbrück. Además, fueron recluidos en los guetos de Lublin, Lodz y Varsovia meta (Enciclopedia del Holocausto, 2022).

Siguiendo a Agüero y Jiménez (2019), en junio de 1938 comenzó la "Semana de Limpieza Gitana". Las acciones conllevaron a unos 700 hombres rom/sinti a los campos concentración de Dachau, Buchenwald, Sachsenhausen y Lichtenburg dentro de la llamada Aktion Arbeitsscheu Reich (Acción contra los vagos). En esos y otros campos fueron sometidos a trabajos forzados.

Figura 30

Un grupo de romaníes prisioneros, en el campo de concentración de Belzec

Nota. No le tembló las manos, por G. Montaño-Peña, 2022, Fundación Secretariado Gitano.

Heinrich Himmler, uno de los criminales más destacados del nacismo, siendo el máximo jefe de la policía de Hitler, diseño implemento las estrategias para controlar y exterminar a la población gitana. El 8 de diciembre de 1938, Publicó el Decreto "Bekämpfung der Zigeunerplage", el exterminio de la "plaga gitana". La finalidad de las acciones no eran otra que la persecución de la población gitana por ser una mezcla de sangre con "predisposición a la criminalidad", y la marginación de los gitanos en todos los ámbitos de la vida social y económica (Angoso, 2005).

El exterminio sistematizado de los Rroma/Sintis

En enero de 1940 comenzó la primera matanza máxima de romaníes, tristemente, las primeras víctimas fueron más de 250 niños en el campo de concentración de Buchenwald. La maquinaria de la muerte contó con Heinrich Himmler, quien se encargó de preservar la vida de algunos gitanos, trato preferente con los menores, para que el equipo comandado por Joseph Mengele experimentara con ellos. Como explican López-Muñoz y Pérez (2021), "La máxima perversión ética en la investigación médica es el empleo de sujetos sanos, circunstancia que adquiere sus más altas cotas de horror y amoralidad cuando se trata, además, de población infantil".

Es necesario matizar que, la infancia gitana fue usada como cobayas para hacer los más crueles experimentos a los que llamaron "científicos". Las pruebas realizadas con los hijos de los Rroma/Sintis tenían como finalidad comprobar el nivel de letalidad de los cristales de zyklon-B, que serían utilizados más tarde en las cámaras de gas de Auschwitz-Birkenau (Figuera, 2013; López-Muñoz y Pérez, 2021).

Los siguientes meses del año 1940, cientos de romaníes procedentes de Burgenland fueron deportados Buchenwald, juntos a los judíos procedentes de Viena, murieron víctimas del frío y de los trabajos forzosos, o por medio de inyecciones letales. Caba resaltar que la maldad fue en aumento, al punto que, en el mes de junio de ese año, el Führer dio la orden la aniquilación total de "todos los judíos, gitanos y funcionarios políticos comunistas de la Unión Soviética" (Angoso, 2005, p. 10).

Figura 31
Niños gitanos víctimas del Dr. Josef Mengele

*Nota. Las Leyes e Nuremberg, por United States
Holocausto Memoral Museum, 2022,
(https://acortar.link/BsNp9x).*

Como indican Agüero y Jiménez (2019), el
exterminio de los romaníes fue exponencial, siendo
en el verano de 1941 la fecha donde los crímenes
comenzaron de forma sistematizada. Durante la
incursión de las tropas nazis contra la URSS miles
de gitanos terminaron sus días siendo víctimas de
ejecuciones   masivas   por   parte   de   los
"Einsatzgruppen" (grupos operativos) de las SS.
Llama extremadamente la atención que unos
100.000 Rroma/Sintis fueran asesinados por los
malditos comandos de la muerte. Las ejecuciones se
hicieron en la URRS, Polonia, Ucrania, Bielorrusia
y Yugoslavia. Resalta que en Polonia haya habido
unos 180 lugares donde hubo ejecuciones en masa
de personas romaníes (Agüero y Jiménez, 2020;
Angoso, 2005).

Figura 32

Campo de concentración de Buchenwald, Gedenkstätte Buchenwald

Nota. Las Leyes e Nuremberg, por United States Holocausto Memoral Museum, 2022, (https://acortar.link/BsNp9x).

Siguiendo las investigaciones de Huttenbach (1991), Entre octubre y noviembre de 1941, por orden de Eichmann, unas 5.000 personas romaníes fueron llevados al ghetto de Lodz compartiendo estadía con los judíos. Sin embargo, a los gitanos no se les permitía el trabajo, por lo que, se quedaban sin la mísera ración de comida. No contaban con ningún tipo de alimentos, evidentemente, muy pronto fueron víctimas de los estragos del tifus.

Campos de concentración y de exterminio

Conviene enfatizar que la población romaní estuvo desaminada en los múltiples campos de concentraciones que erigieron los nazis, como fueron: Belzec, Chelmno, Jasenovac, Sobibor, Treblinka, Sachsenhausen, Buchenwald, Flossenbürg, etc. Sin embargo, Auschwitz, además de ser el más relevante, fue el peor de todos ellos, dado que fue diseñado, no para concentrar; sino para exterminar (Agüero y Jiménez, 2019).

Una vez que el ejército alemán invadió a Polonia, el complejo de campos de concentración de Auschwitz fue el mayor de los establecidos durante el régimen nazi. El mayor centro de exterminio de la historia, en el que fueron exterminadas más de 1.000.000 de personas se erigió a unos 70 kilómetros de Cracovia. Bajo la nominación de Auschwitz se conocieron a dos campos, Auschwitz I y Auschwitz II (Birkenau), construido posteriormente como campo específico de exterminio. El primero se creó en 1940 con la finalidad de concentrar a los presos políticos de Polonia, dado que el número era tan elevado que no había lugar para ellos en las cárceles. Se creó como campo de concentración y se convirtió centro administrativo del complejo que se construyó posteriormente. Es necesario subrayar que, tras los prisioneros políticos de Polonia fueron ingresados miembros de la resistencia, intelectuales, homosexuales, gitanos y judíos (Civitatis Tours SL, 2016; Pérez y Wójtowicz, 2018).

Lo que popularmente se conoce como Auschwitz era el segundo campo, que se construyó en 1941 y estaba en la localidad de Birkenau, a 3 kilómetros del campo principal. La idea de este lugar no fue otra, que la "Solución final", el exterminio sistematizado a menor coste y en menor tiempo. Si bien, todos los campos de concentración de los nazis devinieron en lugares de exterminio, en el caso de Auschwitz- Birkenau se creó para exterminar (Civitatis Tours SL, 2016; Pérez y Wójtowicz, 2018).

Figura 33
Campo de concentración de Auschwitz-Birkenau

Nota. Las Leyes e Nuremberg, por United States Holocausto Memoral Museum, 2022, (https://acortar.link/BsNp9x).

La maquinaria del exterminio

Según la investigación realizada por Montaño-Peña (2022), será el miércoles 16 de diciembre de 1942 la fecha en la que Himmler dio la orden de que "todos los gitanos mestizos, Romaníes y miembros de clanes gitanos de origen balcánico que no sean de sangre alemana" deberían ser trasladados al campo de exterminio de Auschwitz. La deportación se debía ejecutar en pocas semanas, cientos de familias gitanas enteras fueron deportadas a Auschwitz II-Birkenau. Una vez que arribaban los campos de exterminios, se los encerraba en las cárceles del ghetto, se los despiojaba y se les estampaba un brazalete con la letra "Z" (Huttenbach, 1991).

El trato hacia los Rroma/Sintis fue similar al de los judíos, excepto que a los gitanos vestían con ropas civiles y le permitieron vivir con sus familiares entretanto que estaban presos. En Auschwitz-Birkenau ningún grupo de los recluidos escaparon del horror, todos sufrieron las más profundas torturas, fueron sometidos a experimentos médicos, asesinados en cámaras de gases, muriendo por agotamiento mediante trabajos forzados, inanición o por enfermedades infecciosas (Montaño-Peña, 2022).

Llama significativamente la atención el hecho acontecido a Walter Winter, gitano que hasta el año 1942 fue soldado del ejército alemán. Sin embargo, tras su servicio en la Wehrmacht fue enviado a Auschwitz II-Birkenau. Pero, cuando los malditos nazis volvieron a necesitar tanto de él como de sus hermanos, finalmente, fueron llevados al frente oriental como soldados forzados para luchar contra los soviéticos, ya cuando los alemanes perdían la guerra. No obstante, gracias a que sobrevivió, pudo narrar su historia (Sierra-Alonso, 2017).

Entre el 26 de febrero de 1943 y el 21 de julio de 1944, un total de 23.000 personas gitanas estuvieron prisioneras en el campo gitano de Auschwitz.

20.967 de ellas murieron a consecuencia del cautiverio. Como explica Huttenbach (1991), la mayoría de los gitanos que lograron sobrevivir a los horrores de Auschwitz eran de Galitzia. Por razones desconocidas, esos romaníes fueron capturados a mediados de 1944, por lo que pasaron poco tiempo allí, siendo trasladados a Buchenwald.

A continuación, vamos a plasmar algunos fragmentos del trabajo realizado por investigadores europeos, que coordinó la historiadora Karola Fings (2019, en Grunau, 2021), "Voces de las víctimas".

Margarete Bamberger escribe una carta a su hermana, la correspondencia salió de contrabando del campo de exterminio Auschwitz-Birkenau en 1943.

"Querida Banetla, debo informarte que mis dos hijos menores han muerto".

Además, pide paquetes de aceite de hígado de bacalao, jarabe para la tos, vitamina C, jabón en polvo y un remedio para la sarna: "Y si es poca cosa, aquí nos ayuda mucho". En el idioma de los gitanos, el romaní, codifica lo terrible de su situación: "Saludos especiales de Baro Naßlepin, Elenta y Marepin", lo que significa "gran enfermedad, miseria y matanza".

Tristemente, de la misma cruel forma que los hijos de Margarete Bamberger, la gran mayoría de los presos romaníes fueron asesinados privándoles de alimentación, enfermedades y violencia. Finalmente, cuando el 27 de enero de 1945 las tropas soviéticas liberaron el campo de exterminio de Auschwitz no quedaba, entre las

7.000 supervivientes, ninguna persona gitana (Agüero y Jiménez, 2019).

El 16 de mayo, Día de la Resistencia Romaní

En pleno siglo XXI, los gitanos y gitanas conmemoramos el Día de la Resistencia Romaní el 16 de mayo. Fecha que hace memoria a la heroicidad, en especial, de aquellas romnias (gitanas), que tras recibir información que los gitanos concentrados en Auschwitz II Birkenau serían gaseados y exterminados, se revelaron impidiendo que tal masacre se ejecutara. A continuación, se expone un fragmento del trabajo realizado por Cizmich (2917), en el recoge el relato Dazlo Tilany, guardia de la SS.

Los gitanos, que sabían lo que les esperaba, gritaron, se desencadenaron peleas, hubo disparos y muchos heridos. Los refuerzos de las SS llegaron cuando los camiones sólo estaban medio llenos. Los gitanos incluso usaban panes como misiles. Pero las SS eran demasiado fuertes, demasiado experimentados, demasiado numerosos... siendo esta la mayor que se había llevado a cabo en Auschwitz...

 Es evidente que el maldito cuerpo de la SS lo que menos se esperaba era la capacidad de la resistencia romaní. Aproximadamente en el campo de exterminio quedaban 6.000 gitanos (hombres y mujeres, niños y niñas, ancianas y ancianos), dado que el número de hombres estaba diezmado, principalmente fueron las mujeres las que se levantaron arrancando tablas de los barracones y se armaron con piedras y palos decidiendo no volver a doblegarse más ante la dominación masculina aria. Como magistralmente expone Caro-Maya (2016):

Firme la lucha que dejó un gran número de bajas entre las SS. Firme el castigo de ayuno sobre sus cuerpos. Firme la decisión policial de separar al grupo como única forma eficaz de asesinato. Firme el recuerdo que nos impide olvidar la verdad sobre nuestras conciencias. Firme la herencia reivindicativa de nuestros derechos. Firme nuestra mirada hacia el horizonte infinito.

Cabe destacar que nada similar había sucedido en Auschwitz. La capacidad de resistencia romaní, además de casar muchas bajas de las SS, ningún Rroma fue llevado a las cámaras de gas, aunque fueron castigados al ayuno (Baxtalo's Blog, 2014).

El 2 de agosto de 1944, La noche de los gitanos

Uno de los episodios más crueles del Samudaripen fue una noche de verano, el 2 de agosto del año 1944, a la que sus escasos supervivientes la recuerdan como "la noche de los gitanos" (Zigeunernacht). Mientras todas las miradas estaban enfocadas en la II Guerra Mundial, a la espera del final de la masacre. Sin embargo, el pánico y el terror halló su mayor expresión en las inocentes víctimas romaníes cautivas en Auschwitz-Birkenau.

150

Esa noche exterminaron a unos 4.300 o 4.400 gitanos (Agüero y Jiménez, 2019).

A continuación, se exponen fragmentos víctimas que lograron sobrevivir al horror de los exterminios.

Fragmentos expuestos por Fings (2019, en Grunau, 2021) dice:

La hija de Zilli Schmidt también fue gaseada la noche de la matanza en 1944: Gretel, de cuatro años, con sus abuelos, su tía y sus seis hijos. Al igual que otros presos del campo de concentración que estaban en condiciones de trabajar, a la madre de Gretel se la llevaron poco antes. Cuando intenta huir del tren para volver con su familia, el médico de las SS Josef Mengele la obliga a volver al vagón con una bofetada: "Me ha salvado la vida, pero no me ha hecho ningún favor al hacerlo".

Testimonio de otra las víctimas, Piero Terracina (Comunità di Sant'Egidio, 2023):

Yo estaba encerrado, era de noche y había toque de queda, pero lo oí todo. En plena noche oímos gritar en alemán, oímos los ladridos de los perros, dieron la orden de abrir las barracas del campo de gitanos, y entonces empezaron los gritos, el llanto y algunos disparos. De repente, tras más de dos horas, solo quedó silencio y desde nuestras ventanas, al cabo de poco, vimos el resplandor de las llamas altísimas del crematorio. Por la mañana, lo primero que se me pasó por la cabeza fue mirar hacia el Zigeunerlager, que estaba totalmente vacío, solo había silencio, y las ventanas de las barracas que golpeteaban.

Por último, se expone el texto expuesto por Agüero y Jiménez (2019), en el que se recoge el testimonio de Alfred Jan Fiderkiewicz, prisionero político polaco en Auschwitz.

La liquidación del Zigeunerlager tuvo lugar la noche del 2 al 3 de agosto de 1944, siguiendo el mandato del SS Reichsführer Heinrich Himmler. La tarde del 2 de agosto se impuso la prohibición de salir de los barracones. A pesar de la resistencia de nuestra gente, entre 4.200 y 4.400 personas gitanas de todas las edades fueron cargadas en camiones, llevados a la cámara de gas de los crematorios II y V y exterminados, tal y como ha demostrado el reciente estudio del equipo de historia del Centro de Investigación del Museo de Auschwitz.

Desde 1994, las organizaciones gitanas, sobre todo de Polonia, conmemoran el 2 de agosto como el Día en Memoria del Samudaripen. Esta reivindicación ha sido finalmente asumida por el Parlamento Europeo que en abril de 2015 aprobó la Resolución declarando el 2 de agosto como Día Europeo en Memoria de las Víctimas del Samudaripen.

El silencio histórico

El pueblo Rroma/Sinti bajo la soberanía del nazismo sufrieron de esterilizaciones forzadas, sometidos a esclavitud, le robaron todas sus riquezas (oro, piedras preciosas, instrumentos, caravanas, etc.), deportaciones a campos de exterminios donde fueron usados como cobayas para hacer experimentos, donde miles de ellos murieron de hambre, enfermedades, explotados físicamente y gaseados. Sin embargo, el reconocimiento a tales barbaries no fue inmediata como en el caso del Pueblo de Israel. Tengan en cuenta que, en mayo del año 1948, David Ben-Gurión declaró la independencia del nuevo estado de Israel. Si bien es cierto que hubo una gran oposición internacional, no obstante, contó con mucho apoyo de otros países.

Figura 34
Evidencias del Samudaripe

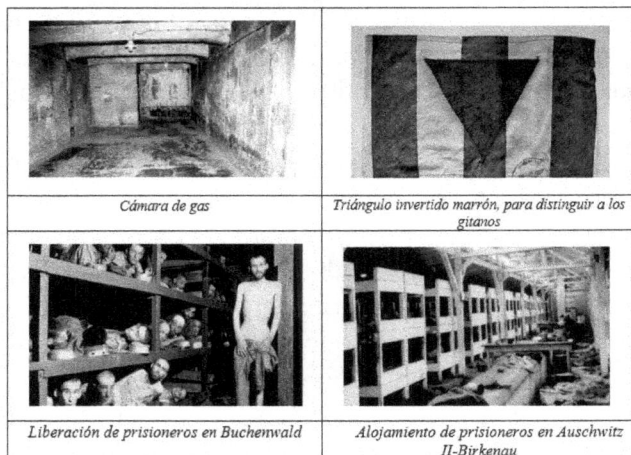

| *Cámara de gas* | *Triángulo invertido marrón, para distinguir a los gitanos* |
| *Liberación de prisioneros en Buchenwald* | *Alojamiento de prisioneros en Auschwitz II-Birkenau* |

Nota. Elaboración propia, fotografías de United States Holocausto Memoral Museum, 2022.

La instauración del Estado de Israel supuso un refugio seguro para aquellas personas judías que fueron víctimas del exterminio sistematizado bajo el dominio de Hitler (Anne Frank House, 1948). Así mismo, en distintas partes de Europa se han restituido justamente a los judíos por los daños causados bajo el dominio nazi. Pero, me pregunto: ¿Qué pasó con el Pueblo Rroma/Sinti? ¿Por qué el silencio histórico? Sin duda, la mayor expresión del racismo es su vertiente llamada ANTIGITANISMO.

El 1 de octubre de 1946 puso final los juicios de Nuremberg. Sin negar su importancia y sus grandes luces; tristemente también tuvo sombras o ausencia. Es que acaso no eran digno de justicia la infancia gitana, ya que 250 de ellos fueron usados para experimentos por los malditos nazis en el campo de exterminio de Buchenwald en 1940. Así mismo, tampoco fueron defendidos los más 4.000 gitanos pasados por las cámaras de gas de Auschwitz en una sola noche, el 1 de agosto de 1944, en la llamada 'Zigeunernacht' o "noche de los gitanos". En definitiva, más de 1.500.000 de personas Rroma/Sintis fueron robados, ultrajados, mutilados, esterilizados y exterminados sin que en el famoso juicio de Nuremberg se hiciera memoria de ellos. Por lo visto, los gitanos no eran dignos de justicia. Lo que pone de manifiesto la lacra del ANTIGITANISMO en la sociedad eurocentrista que emula ser la civilizada y justa. Si para el Pueblo Gitano no hay justicia; la justicia brilla por su ausencia (Rodríguez, 2017). Como expone Cizmich (2017), es muy escaso el "conocimiento-reconocimiento" de documentación y materiales de divulgación que muestren la atrocidad que los nazis hicieron al Pueblo Rroma/Sinti cuando dominaban buena parte de Europa. Desde 1945 hasta 1970 que se comenzó a organizarse un movimiento gitano europeo la atención pública brillo por su ausencia. No obstante, el canciller alemán Helmut Kohl reconoció el genocidio nazi contra los Rroma/Sinti en 1982. Tristemente, para cuando llego la restitución bajo la ley alemana ya habían muerto. Es más, la construcción de un memorial, tal como lo tienen otros colectivos y victimas del exterminio nazi no será inaugurado hasta el año 2012 en la Ciudad de Berlín; 67 años después de lo sucedido (Enciclopedia del Holocausto, 2022).

> Para el Pueblo Gitano, el Holocausto fue un eslabón más en una cadena histórica de persecuciones perdurables en el tiempo.
>
> Raymond Gureme (1925-2020)

Capítulo 9
El Pueblo Gitano y el franquismo

Soy fragüero.

Yunque,clavo y alcayata.

Cuando los niños en la escuela

Estudiaban pa`l mañana,

Mi niñez era la fragua; Yunque, clavo y alcayata.

José Monge Cruz, "Camarón de la Isla"

La escasez de investigaciones

Como viene siendo habitual, no es de extrañar que brille por su escasez las investigaciones y estudios en relación con el Pueblo Gitano durante la España de principios del siglo XX, Guerra Civil y Posguerra. Hechos que evidencian el olvido al que ha sido sometido las personas gitanas a lo largo de dichos años. Como bien explica Martín (2005), tanto los políticos como los teóricos no tuvieron en cuenta a la comunidad gitana, la que ha demostrado a través de su historia tener un sentido de comunidad solidaria mayor que el de muchos comunistas. Así mismo, que su carácter apátrida e independencia era mayor al de muchos de los anarquistas y que su devoción por la espiritualidad era similar a la de los devotos católicos.

Figura 35
Gitanas y otras presas en la prisión barcelonesa de Les Corts.

Nota. Elaboración propia. Fotografías de, Wikipedia, 2023 (https://acortar. link/ljKsdsM)

La dictadura franquista

Con la victoria del bando sublevado en la Guerra Civil Española (1936-1939), da comienzo a un período histórico conocido por la dictadura franquista, la que finalizó con la muerte del dictador Francisco Franco, el 20 de noviembre de 1975. Es necesario subrayar que, el franquismo en su propia naturaleza es motivo de debates, dado que historiadores, politólogos, sociólogos y juristas no se ponen de acuerdo para definir cuál fue el tipo de régimen político. Si bien, por un lado, están los que exponen que el franquismo fue un régimen fascista, movimiento político y una forma de gobierno de carácter totalitario, antidemocrático, ultranacionalista y de extrema derecha. Por otro lado, lo consideran un régimen autoritario, pero no fascista (Moradiellos, 2000).

Si bien el tema da mucho de sí, siguiendo a Saz (2004), el franquismo se trató de un régimen "fascistizado", que potencialmente estuvo equidistante entre el modelo totalitario fascista y la mera dictadura autoritaria y capaz de evolucionar en uno u otro sentido. Así mismo, Thomàs (2019) calificó al franquismo como un régimen autoritario con un fuerte componente fascista, aunque no se puede caracterizar completamente como tal. Sin embargo, a efectos prácticos, cabe resaltar que entre las características de la dictadura franquista resaltan: represión antidemocrática, estructura de partido único, centralización y uniformidad del Estado, instauración de unas estructuras supraclasistas. Sin embargo, los elementos señalados coinciden con el fascismo, sin embargo, partido único fue realmente un partido unificado desde arriba y desde fuera; el caudillo no era la expresión, plasmación o concreción, de alguna forma de supuesta voluntad popular, sino en todo caso de la voluntad divina ("por la gracia de Dios") y militar. Además, Franco dio paso a una monarquía más o menos tradicional pero que, desde luego, poco tendría que ver ya con el fascismo (Saz, 2004).

Siguiendo a Ramírez (1978), la historia de la dictadura franquista cuenta con tres etapas diferenciadas:

- 1ª Etapa: "El régimen totalitario", correspondiente a la, desde el fin de la Guerra Civil hasta 1945.
- 2ª Etapa: "La dictadura empírico-conservadora", desde finales de la Segunda Guerra Mundial hasta 1960.
- 3ª Etapa: "El franquismo tecno-pragmático-populista", desde los años sesenta hasta la muerte del dictador.

En resumidas cuentas, se debe resaltar que independiente a los cambios y virajes del franquismo, a fin de adaptarse a las circunstancias históricas y políticas, durante casi los cuarenta años de su duración, las bases ideológicas del régimen se mantuvieron indemnes. En definitiva, la cultura del nacionalcatolicismo se caracterizó por ser de naturaleza conservadora, totalitaria y tradicional, en la que no había lugar para lo diferente (Asociación

161

de Enseñantes con Gitanos -en adelante, AEG-, 2019).

Franco "salvador de los gitanos"

Si bien es cierto que las familias gitanas de la época compartían valores similares a los promovidos por el franquismo, como el pudor, el control sexual, decoro a los que se le suma la idea de la centralidad de la familia con su orden jerárquico, diferenciando entre los roles que debían desempeñar el hombre, por un lado, y la mujer, por otro. Sin embargo, nada más lejos de la realidad ha sido creer que con el régimen franquista las personas gitanas estaban integrada (AEG, 2019).

Bajo el franquismo se deja decir que Franco salvó a los gitanos de los campos de concentración, argumentándose que en el encuentro que tuvo lugar en Hendaya, Hitler, pidió que les entregara a los gitanos de España. A los que el dictador dijo que en España no había gitanos sino ciudadanos nuevos. Así mismo, también se hizo notoria la historia libró a los gitanos de Carrero Blanco, ya que tenía intenciones de enviar a los gitanos a una isla fuera de España. Como bien indica Martín (2005), no hay evidencias de tales hechos. Por lo que, se entiende que se trata de una estrategia propia de los modelos de gobierno tecno-pragmático-populista, cuya finalidad no es otra que la manipulación.

Siguiendo a Albin (2017), Francisco Franco sentía un profundo rechazo profundamente a todo los diverso, llámese socialista, comunista u homosexual, a los odiaba por sus ideas. Sin embargo, al Pueblo Gitano se les criminalizó, castigó y humilló por motivos puramente racistas. Cabe destacar que durante todo el régimen las familias gitanas sufrieron medidas antigitanas cuya finalidad era hacerles sentir que eran de una categoría humana inferior.

El franquismo, represión sistemática contra el Pueblo Gitano

El Pueblo Gitano sufrió represión sistemática de manos del franquismo, prueba de ello es el armazón legislativo antigitano. Las estrategias coercitivas contra los romaníes, por un lado, contó con un armazón represor basado en la llamada Ley de Vagos y Maleantes de 1933, la que se aprobó durante la 2ª República, que se reemplazó a posteriori por la Ley de 4 de agosto de 1970 sobre Peligrosidad y Rehabilitación Social. Así mismo, la herramienta represiva contra el Pueblo Gitano se estableció en los artículos 4, 5 y 6 del Reglamento de la Guardia Civil, de 14 de mayo de 1943 (García y Castillo, 2009, en AEG, 2019).

La Ley de Vagos y Maleantes de 1933

La Gandula, tal y como se llamó popularmente a la disposición, incidió notablemente contra el Pueblo Gitano, dado que utilizó la justificación biológica para la criminalización de dicho pueblo (Rothea, 2014). Pruebe de ello son la categorización de las conductas antisociales a perseguir incluidas en el artículo 2 de la ley, entre las que destacaremos:

3) Los que no justifiquen cuando legítimamente fueren requeridos para ello por las autoridades y sus agentes, la posesión o procedencia de dinero o efectos que hallaren en su poder o que hubieren entregado a otros para su inversión o custodia.

5) Los que ocultaren su verdadero nombre, disimularen su personalidad o falsearen su domicilio mediante requerimiento legítimo hecho por las autoridades o sus agentes, y los que usaren o tuvieren documentos de identidad falsos u ocultaren los propios.

8) Los que observen conducta reveladora de inclinación al delito, manifestada por el trato asiduo con delincuentes y maleantes; por la frecuentación de los lugares donde éstos se reúnen habitualmente; por su concurrencia habitual a casas de juegos prohibidos, y por la comisión reiterada y frecuente de contravenciones penales.

Figura 36
Ley de Vagos y Maleantes 1933.

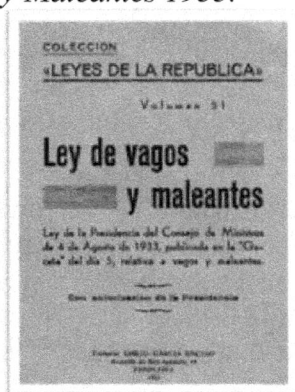

Nota. Elaboración propia. Fotografías de, Wikipedia, 2023 (https://acortar. link/ljK>AM)

Como se puede apreciar, la biología para la criminalización es la perversión de la ciencia que ha sustentado las teorías raciales. Como bien indica Troyna y Carrington (1990, en Buraschi y Aguilar, 2016), el racismo es un cuerpo de ideas que racionalizan y legitiman unas prácticas sociales que refuerzan la distribución del poder entre grupos diferenciados por características físicas o culturales seleccionadas (p.19). La Ley de Vagos y Maleantes de 1933 se trató de unas medidas de seguridad "pre delictum", en la que la presunción de inocencia no existía para quienes eran de "raza gitana", dado que eran consideradas como gente peligrosa, difícil de domesticar y de controlar.

La Gandula tuvo una pequeña modificación hecha en 1954 por el régimen de Francisco Franco. Ya que se introdujo a la homosexualidad como una de las conductas antisociales, por lo que era un delito que perseguir. Cabe destacar que, al igual que otros países de Europa, antes y durante la Segunda Guerra Mundial, España utilizó la justificación biológica para la criminalización de los Gitanos (AEG, 2019; La Comuna, 2012; Maestre, 2013).

La Ley Peligrosidad y Rehabilitación Social

En 1970 la Ley de Vagos y Maleantes de 1933 fue derogada dando paso a la Ley Peligrosidad y Rehabilitación Social que mantenía los mismos principios represores de las conductas sociales. Es necesario señalar que, el objetivo no era la sanción de delitos, sino más bien, "pretendían evitar" que las personas lo cometieran. Por lo que no incluían penas, sino medidas de alejamiento, control y retención de los supuestamente peligrosos. Por lo que, les doy autoridad a los entes de poder de aplicar la ley arbitrariamente a personas inocentes sin que cometiesen algún delito condenado por el Código Penal. Como es evidente, una violación en toda regla del derecho fundamental de la presunción de inocencia (La Comuna, 2012; Maestre, 2013). Sin ton ni son, cualquier persona que no se ajustase a las a los estándares sociales marcados por el franquismo podía ser encarcelado, sin que sus comportamientos fueran contrarios a la ley. En definitiva, ser homosexual o gitano eran motivos suficientes para ser condenados. Po si fuera poco, si bien, durante el periodo democrático esta ley no se aplicó; continuó vigente hasta su derogación en el año 1995 (La Comuna, 2012; Maestre, 2013).

Figura 37
Ley de Peligrosidad y Rehabilitación Social.

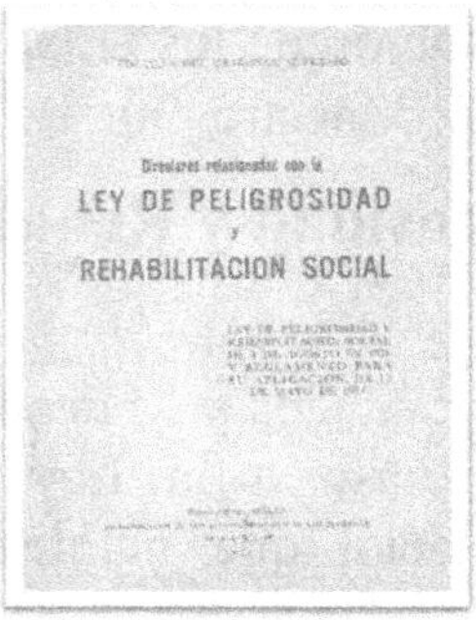

Nota. Elaboración propia. Fotografías de, Wikipedia, 2023 (https://acortar. link/ljK>AM)

Reglamento de la Guardia Civil

El Reglamento de la Guardia Civil (1943) emitido por el Ministerio de Gobernación es la última ley específica contra el Pueblo Gitano. Cabe recordar, que se trató de una ampliación del Reglamento de la Guardia Civil de 1846, en el que institucionalizaba los estereotipos y prejuicios hacia las personas gitanas. Destacando que la Guardia Civil tenía el deber de vigilar y perseguir a los gitanos, ya que eran sospechosos y delincuentes por naturaleza. En resumidas cuentas, ser gitano era sinónimo de culpable hasta que demostrarás lo contrario (Salinas, 2020).

Reglamento de la Guardia Civil (1943) orden 14 / 05 / 1943 del Ministerio de Gobernación, aprobando el reglamento de la Guardia civil. segunda parte, capítulo i.- Documentos de seguridad.

Artículo 4º: "Se vigilará escrupulosamente a los gitanos, cuidando mucho de reconocer todos los documentos que tengan, confrontar sus señas particulares, observar sus trajes, averiguar su modo de vivir y cuanto conduzca a formar una idea exacta de sus movimientos y ocupaciones, indagando el punto a que se dirigen en sus viajes y el objeto de ellos".

Artículo 5º: "Como esta clase de gente no tiene, por lo general, residencia fija, se traslada con mucha frecuencia de un punto a otro en que sean desconocidos, conviene tomar de ellos todas las noticias necesarias para impedir que cometan robos de caballerías o de otra especie".

Artículo 6.º: "Está mandado que los gitanos y chalanes lleven, a más de la célula personal, la patente de Hacienda que los autorice para ejercer la industria de tratantes en caballerías... Los que no vayan provistos de estos documentos o que de su examen o comprobación resulte que no está en regla, serán detenidos por la Guardia Civil y puestos a disposición de la autoridad competente como infractores de la ley".

Figura 38
Reglamento de la Guardia Civil 1943.

Nota. Elaboración propia. Fotografías de, Wikipedia, 2023 (https://acortar. link/ljASDAM)

Por medio de los artículos expuesto se aprecia que brilla por su ausencia la presunción de inocencia. La clasificación racial, el estatus social y la cultura de la imagen prevalece sobre la inocencia, la dignidad; en definitiva, sobre el ser humano. Bajo la tiranía franquista las personas gitanas fueron víctimas de la represión, al punto de perder el derecho a hablar su lengua materna, ya que se prohibió el caló, que deriva del Romaní. Así mismo, las costumbres gitanas fueron perseguidas, al punto que, todo lo que estaba relacionado con la cultura Romipen pasó a ser relacionado con prácticas delictivas y bárbaras y, por lo tanto, contrarias al Régimen. Cabe exponer, que Franco decretó en 1941 la obligatoriedad del castellano, quedando determinantemente prohibido todas las demás lenguas del Estado. Por ende, el Caló pasó a ser considerado como jerga delincuente (AEG, 2019; Rothea, 2014).

Como señala Rothea (2014), durante el franquismo, la criminología positiva de la mano de Rafael Salillas se desarrolló considerando al Pueblo Gitano como una raza de criminales. Por lo que, sus artículos señalaban a los gitanos como seres que hereditaria y racionalmente eran criminogénicas. Sin embargo, se carece de investigaciones científicas-rigurosas que evidencien que el Pueblo Rroma tenga mayor índice de criminalidad que el resto de la población española. Sin duda, el franquismo criminalizó a las personas gitanas con el fin del control social y político. Presentar a los gitanos como los criminales más feroces del país era una estrategia a fin de erigir nuevos enemigos sociales y "raciales" en lugar de los antiguos enemigos políticos.

Bajo el régimen franquista la percepción de los entes de poder, autoridades, medios de comunicación e Iglesia Católica están marcado por el racismo. La supremacía blanca-eurocentrista consideraban a los gitanos como un claro ejemplo de lo opuesto al bien, al orden y a "dios". A continuación, se expone el trabajo de Rothea (2014) en el que se compara al Pueblo Gitano, un contraejemplo social absoluto en la España franquista (ver. Tabla 1).

Tabla 1.
Los Gitanos, un contraejemplo social absoluto en la España franquista (Rothea, 2014. P.19-20).

Estándar social franquista	Representación de los Gitanos por las autoridades (A), medios de comunicación (M) y la Iglesia (C)
Culto al trabajo	Pereza (A.M.C.)
Respeto por la propiedad privada	Robo (A.M.C.)
Fe católica	Superstición y prácticas de adivinación (A.M.C. hasta Pomezia en 1965 para la Iglesia)
Respeto por las leyes	Rechazo de las normas (A. M.)
Solidaridad nacional	Solidaridad racial (A.M.C.)
Patriotismo y nacionalismo	Personas sin Estado
Honestidad	Deshonestidad (A.M.C.) (hasta Pomezia en 1965 para la Iglesia)
Limpieza	Suciedad (A.M.C.)
Moralidad	Engaño (A.M.C.) (hasta Pomezia en 1965 para la Iglesia)
Castidad	Promiscuidad sexual (A.C.)
Raza hispana espiritual	Raza Gitana biológica (A. P.)
Mujeres escrupulosas	Mujeres disolutas (A.P.)
Niños sensatos	Gitanillos retrasados (A.P.C.)

Tras lo expuesto, más allá de las estrategias tecno-pragmático-populista que han manipulado la narración histórica. Sin dudas, durante el régimen franquista, el imaginario popular potenciado por Franco y sus aliados, concebían a las personas gitanas como seres despreciables, tenidos por criminales, "vagos" peligrosos y ladrones que merecidamente debían ser controlados y vigilados. El estereotipo y prejuicio fraguado desde la primera pragmática de 1499 firmada por los Reyes Católicos con el franquismo se perpetuó, sirviendo como justificación para la discriminación y marginalidad de las personas gitanas. La concepción antigitana fue tan profunda, al punto que, la sociedad mayoritaria interiorizó la idea que "gitano" es una raza criminal de forma inherente, por lo que su vigilancia y marginalidad era lo mejor para España (AEG, 214 en García & Castillo, 2009).

Realidad sociodemográfica del Pueblo Gitano durante el franquismo

Las escasas investigaciones en relación con la realidad sociodemográfica del Pueblo Gitano evidencian que bajo la dictadura franquista era la única minoría étnica que se diferenciaba como grupo social en España. La represión sufrida por los gitanos se justificó en base a su pertenencia a dicho grupo. Cabe destacar que no se trató de hechos racistas en sí, sino más bien de antigitanismo, dado que este fue el único grupo humano que sufrió por ser de un pueblo en concreto. En resumidas cuentas, la forma de vida de las familias gitanas eran

171

suficiente motivo para su discriminación (García & Castillo, 2009 en AEG, 2019; Rothea, 2014; ROMI, 2007).

Se estima que entre los años 50 y 60 la población gitana en España era entre 300.000 y 400.000 personas. Siendo Andalucía el lugar de residencia del 50% aproximadamente. Seguido por Cataluña y Madrid, no obstante, la presencia de familias gitanas se encontraba en todas las provincias españolas. Cabe destacar que muy pocos de ellas familias eran nómadas, alrededor del 5% (García & Castillo, 2009 en AEG, 2019; Rothea, 2014).

Como no era menos, la exclusión en el ámbito educativo fue más que evidente. Citado por Rothea (2014), el informe de la de la asociación católica Caritas de 1968, el 85% de los Gitanos eran analfabetos y el 90% de los "gitanillos" no habían cursado la escuela primaria. En resumen, un 85% de la población gitana era analfabeta. Tras lo expuesto, es evidente que el racismo, la represión y la marginación dio como fruto que la gran parte de las familias gitanas vivieran en la más profunda miseria, siendo la clase social más despreciada y pobre de la sociedad. Al punto que muchas familias en Andalucía habitaban en "chabolas" o cuevas, sin agua ni electricidad (García & Castillo, 2009 en AEG, 2019; Rothea, 2014).

Gitanas condenadas por el franquismo

Con el golpe de Estado de Francisco Franco se inicia una nueva etapa, en la que quedó atrás el avance de las aspiraciones de las mujeres. La dictadura franquista se encargó de eliminar el reconocimiento de derechos como podían ser "la igualdad de sexos y derechos, la prohibición de la discriminación laboral, protección del trabajo de las mujeres, el seguro de maternidad, el derecho de voto y a ser elegible para las mayores de 23 años y la reforma de la familia, con el reconocimiento del matrimonio civil y el divorcio" (Rodrigo e Hidalgo, 2012. p.9). El fin de la República supuso una vuelta a la España más rancia, en la que el estándar de comportamientos se basaba por la sociedad burguesa y conservadora. En la que el rol de la mujer quedaba relegado al cuidado de la casa, el esposo y los hijos. En el caso que alguna mujer se opusiese, su destino era el ridículo y el escarnio público. Ciento de ellas sufrieron un trato vejatorio, fueron peladas; es decir, se les corto el cabello al cero, se les afeitó las cejas, siendo obligadas a tomar aceite de ricino, exhibida en procesión por las calles principales de los pueblo y ciudades, y finalmente, puestas en prisión (Rodríguez e Hidalgo, 2012).

Si las mujeres blancas y eurocentrista sufrieron, ya nos podemos imaginar lo que padecieron las Rromnias (mujer gitana). Por un lado, fueron reprimidas por su género; pero, por otro, hay que matizar que, además, sufrieron por el siempre hecho de ser gitanas. Las expresiones de la Cultura Romipen, la forma de vestir, la lengua, el estilo de trabajo, las tradiciones; en definitiva, la forma de vida era un insulto para una sociedad intolerante y retrograda. Como señala el trabajo de Fernández y

173

Rodríguez (2010), la mayoría de los matrimonios de estas, casadas por las costumbres gitanas, fueron anulados. A pesar de contar con el reconocimiento pertinente. A continuación, en base a la investigación realiza por Fernández y Rodríguez (2010) para Asociación de Mujeres Gitanas ROMI de Granada, se expondrá un breve resumen de las vidas de algunas mujeres gitanas que sufrieron las injusticias durante el franquismo.

Encarnación Montoya Moreno

Gitana nacida en Baza (Granada) a la que se le llamaba La Tortera. Como indican Fernández y Rodríguez (2010), tras una disputa con unos vecinos adeptos al franquismo, Antonio Fores Carnicer y su esposa. El matrimonio payo, el 18 de julio de 1939 puso la denuncia en la que constaba que su convecina Encarnación Montoya Moreno, despojó su casa en unión de varias mujeres bajo el dominio de los rojos. En apenas pocas horas, La Tortera fue detenida y puesta en la prisión provincial de Granada. Aquella gitana, condenada sin pruebas, pasaría tres largos años encarcelada, no vio la luz hasta 1941, con un informe militar en el que se le declaraba que tenía "instintos criminales".

Trinidad Bustamante Carmona y María Fernández Santiago

En los días del franquismo era suficiente la acusación de una menor de edad para condenar a una mujer gitana sin que hubiese pruebas en la incriminaran. Evidencia de ello es lo sucedido en

Deifontes (Granada) a Trinidad Bustamante Carmona, conocida por La Bigotúa y a María Fernández Santiago, alias Mercedillas que fueron acusadas en falso por una menor. El testimonio de Trinidad Merino Recio, con apenas 11 años, fue suficiente para que las gitanas fueran detenidas el 28 de julio de 1939 e ingresadas en la prisión provincial de Granada por haber ayudado a varios milicianos escondidos. Como exponen Fernández y Rodríguez (2010), "en muchos momentos se recurrió al testimonio, fácilmente manipulable de un menor, para llevar a cabo la acusación pretendida contra unas determinadas personas en una localidad".

La vulnerabilidad de la mujer gitana era más elevada que las del resto, se debe tener en cuenta que eran culpables hasta demostrar su inocencia. Por lo que, con mucha facilidad se les podía acusar de robos y otros delitos. Era suficiente una simple acusación de cualquier vecino o vecina, sin pruebas, para que fueran condenada. Siguiendo a Fernández y Rodríguez (2010), al finalizar la guerra a la mujer gitana se les trató igual que a las mujeres republicanas, sufrieron: prisión, rapados y todo tipo de escarnio público. Sin embargo, ninguna gitana fue trata como presa política; sino como delincuentes comunes. Cuando en verdad lo único que hicieron fue trabajar para ayudar con el sustento familiar.

Sin duda, las Rromnias por el simple hecho de ser gitanas fueron culpables, reprimidas, en ocasiones encarceladas, silenciadas y e ignoradas. Sin embargo, a pesar de la presión y estigmatización social, no dejaron de luchar para sacar a sus familias adelante. Escribir este capítulo es imposible sin recordar la vida de mis tías y abuelas, gitanas que han recorrido tres continentes (Europa, África y América) vendiendo ropa, con el arte de saber vender han sustentado a sus familias. Como veremos más adelante, en los capítulos relacionados con los gitanos de Canarias, se pondrá de manifiesto que, cuando a las gitanas se les da la mínima oportunidad, no tardan en prosperar y salir adelante.

Capítulo 10
De la gitanería al ghetto

Eres de la mar y te llamas Lola, salpicando
vas por la arena y llevas un vestido del
color de la mar:

es como cuando el sol se ha ido.

Luis Cortes Barca "el de la Pica".

Las gitanerías

Los entes de poder han utilizado la fijación espacial como medios de control. En otras palabras, a fin de controlar a las personas que residían en el territorio español y que suponían una amenaza para homogeneidad imperante, ya que estaban fuera de la norma española. Personas consideradas peligrosas y enemigas del ser-nacional, y que requerían un especial control y vigilancia por parte de Reinos y Estados, se les circunscribió a zonas de extrarradio, creándose así los barrios conocidos por las juderías, morerías y, por último, las gitanerías (Galleti, 2020).

Figura 39
Gitanerías en la Península Ibérica.

Barrio Santiago (Jerez)	Sacromonte (Granada)
Plaza Alta (Badajoz)	

Nota. Elaboración propia. Fotografías de, Wikipedia, 2023 (https://acortar. link/ljAdsaAM)

Como bien reivindica Agüero-Fernández (2018), "Las gitanerías eran barrios en los que la gente gitana, mi gente, decidió vivir por el gusto de estar

181

juntas y donde, con el pasar de los años, fueron surgiendo creaciones culturales de trascendencia universal". Sin lugar a duda, es precisamente en esas gitanerías donde se fraguó la cultura Romipen. Como se ha podido apreciar, el cante gitano, fundamento del universal flamenco, se gesta en la vida humilde de aquellas familias gitanas, que la expresión de su sufrimiento lo hacían por medio de los sonidos negros, rancios y rotos, ya que sin motivo alguno se les negaba su patria; la libertad. Sirva de muestra las gitanerías como Triana (Sevilla), Santiago y la Plazuela (Jerez de la Frontera), la Viña (Cádiz), Plaza Alta (Badajoz) o el Sacromonte (Granada).

La gitanería de Triana

De las primeras gitanerías que se conoce en la Península Ibérica es la de Triana. Como se ha podido apreciar, en 1462 las primeras familias gitanas llegan a Andalucía, por lo que se estima que en 1470 los gitanos llegan a Sevilla, asentándose en la margen derecha del río, en un arrabal conocido por Triana. La Cultura Romipen desde finales del siglo XV comenzó su proceso de diálogo con el resto de las culturas que habitaban en la península, convirtiéndose las orillas del Guadalquivir en cuna del arte. Al punto que lo que se conoce en el siglo XXI como Pagés del Corro, siglos antes era la Cava de los Gitanos.

Dado que una buena parte de la aristocracia del Pueblo Gitano desarrollaron allí el saber de la orfebrería, el trato con ganado y la caballería. La presencia de los calós era tan importante que se hicieron indispensables para el Gobierno y el Ejército, teniendo en cuenta que eran días de guerras constantes. La Romipen era creadora de suministros para caballos: herraduras, ruedas para los carros. Así como la fábrica de munición para los cañones. Dado el entramado económico de la época, las familias gitanas representaban el comercio de la tecnología punta (Castilla, 2014; López-Acosta, 2019; Pachón 2013).

El absolutismo español no sólo destruyó la morería y la judería; además, ha intentado de mil formas acabar con la gitanería. Como se ha puesto de manifiesta a través de la presente investigación, las persecuciones sistemáticas sufrida por las familias gitanas han sido atroces. Los gitanos de Triana han sufrido a igual que el resto, por lo que, no escaparon del primer intento de genocidio en Europa, la Prisión General de Gitanos de 1749. En dicha fecha las familias gitanas trianeras sufrieron la misma suerte que el resto de sus primos, apresaron a todos los gitanos del barrio. Una vez acabado el cumplimento de la prisión ejecutada por el Márquez de la Ensenada, Triana volvería a recibir a sus gitanos, se reconstruyeron las fraguas sin contar con apenas recursos. Con el nuevo aire que produjo las leyes de Carlos III, la Cava de los Gitanos a lo largo del siglo XIX y XX ha sido cuna del arte. Prueba de ellos son las familias gitanas como: los Vega, los Fernández, los Ortegas, los Caganchos, los Pelaos o los Fillos (Castilla, 2014; López-Acosta, 2019; Pachón 2013).

Triana, un ejemplo de inclusión

Si por inclusión social entendemos el proceso de hacer posible que personas o grupos de personas en una situación de segregación o marginación social puedan participar plenamente en la vida social. En el que puedan convivir en condiciones de igualdad, sin prejuicios de ningún tipo, cohesión, justicia y oportunidades (Salas y Caudeli, 2021). La magistral obra de D. Ricardo Pachón (2013): "Triana Pura y Pura" ha puesto de manifiesto que la gitanería de Triana era un modelo inclusivo para las familias gitanas. Sin embargo, cuando la Romipen estaba perfectamente conviviendo con el resto de sus vecinos, contando incluso con un centro educativo como el "Colegio Gitano, en el corazón de La Cava. Triana, Sevilla", la maldad humana destruye siglos de convivencia.

El modelo de convivencia intercultural se dio de forma natural en la gitanería de Triana. Sin duda, era un modelo de interacción donde la identidad gitana estaba aceptada y podía compartir su cultura, a la vez que tenía la apertura para aprender del resto de forma de vida. Sirva de ejemplo que las familias gitanas compartían los corrales de vecinos con los payos, todos se conocían y respetaban. Cabe destacar que no era un espacio de mera coexistencia, la convivencia era real, el diálogo apreciativo y el aprendizaje mutuo. De hecho, los primeros mestizajes del cante gitano con otras musicalidades vienen de la mano de aquellos jóvenes trianeros como Manuel Molina, Raimundo Amador y un largo etc. Las familias gitanas de Triana eran personas trabajadoras, jornaleros en los muelles, en el barranco del pescado y en los alfares (Pachón 2013).

La noche de los cristales rotos

La mítica bailaora, esposa de Rafael el Negro, Dña. Matilde Coral denominó "la noche de los cristales rotos" a la tregua que sufrieron las familias gitanas trianeras a finales de los cincuenta del pasado siglo (Pachón 2013). Si atrás habían quedado los días de Fernando e Isabel, Torquemada, Ensenada y otros, a partir de 1957 un nuevo exterminador se erige, Hermenegildo Altozano y Moraleda, quien fuera miembro de renombre en el Opus Dei, en complicidad con el Ayuntamiento de la ciudad, elaboró e implementó la más cruel y miserable destrucción de la gitanería de Triana. No hace falta decir, que la finalidad, además de destruir al gitano, era el valor urbanístico del barrio de la gitanería de Triana.

Figura 40
Corral de vecinos en la Cava de los Gitanos (Triana).

Nota. Elaboración propia. Fotografías de, Wikipedia, 2023 (https://acortar. link/ljPOIAM)

Figura 41

Expulsión de los gitanos de Triana, 1958

Nota. Elaboración propia. Fotografías de, Wikipedia, 2023 (https://acortar. link/lASSIAM)

La maldad se empecina en destruir la gitanidad, las políticas asimilacionistas e integradoras se han aplicado durante centurias de años a fin de que desaparezca la Romipen. Hermenegildo Altozano y Moraleda y sus aliados, además del interés económico, pretendían dispersar a las familias gitanas trianeras, con la justificación que se integrarían con facilidad. No sólo destruyeron la gitanería de Triana, centro neurálgico del arte gitano, fundamento indispensable del flamenco que goza del reconocimiento al ser Patrimonio Inmaterial de la Humanidad, sino que, además, segregaron y marginaron a familias de bien, dignas, que sólo querían trabajar por un mundo mejor. Así mismo, en vez de desintegrar a los gitanos, hubo un efecto revote; los calós exiliados de la Cava de los Gitanos se hicieron más endogámicos y etnocéntricos (Castilla, 2014; López-Acosta, 2019; Pachón 2013).

Parece mentira que aquellos sacerdotes, custodios de la esencia de la Romipen, herederos del cante y baile gitano fueran expulsados del lugar que los vio nacer, tierra de sus ancestros y sin ninguna razón fueron echados. Como evidencias las imágenes, en camiones, escoltados por la policía y la guardia civil, de la misma forma que el ejército nazi ghetizo a judíos, romaníes, etc. La historia se vuelte a repetir, "la noche de los cristales rotos"; sí, en la mítica Triana (Castilla, 2014; López-Acosta, 2019; Pachón 2013).

Aunque la expulsión se ejecutó en varias fases, finalmente, unas 3.000 familias trianeras, fueron llevadas a barracones y casas prefabricadas. Cabe destacar que las condiciones eran infrahumanas, dado que no disponía de un bien tan preciado como el agua; es más, no tenían ni sanitario. Aquellas familias víctimas de la ambición y la maldad terminaron dispersas en el extrarradio de Sevilla, en lugares como: la Cochera de los Tranvías en la Puerta Osario, La Corchuela, Laffite, Los Merinales y las casitas de Uralita (Castilla, 2014).

Polígono Sur

No será hasta una década más tarde que las familias de la gitanería de Triana estuviesen instaladas en lo que se conoce como las Tres Mil Viviendas o el Polígono Sur. Su construcción comenzó en 1968 bajo el patronato municipal del Ayuntamiento de Sevilla, la obra terminó en 1977. Finalmente, se construyeron seis barriadas: Paz y Amistad, Antonio

Machado, Martínez Montañés, Murillo, Las Letanías y La

Oliva. Las primeras familias que residieron procedían de zonas chabolistas como la Corchuela o El Vacie. A las que se le sumaron de Torreblanca de los Caños y Los Pajaritos. Se les adjudicó los pisos en régimen de propiedad aplazada (ABC, 18 de junio de 1977).

Como destaca de la época, el periódico ABC (4 de agosto de 1977), "Ya desde el inicio, comenzó a considerarse una zona insegura" (p.23). Sin lugar a duda, la estrategia respondió a lo que se denomina, "chabolismo vertical" (Simón, 2018). Debido a que las barriadas aparecen para erradicar el chabolismo, que era una mala imagen para un país que comenzaba sus andaduras como atracción turística. Era imprescindible eliminar de las ciudades todos los elementos que daban una mala imagen de cara a la galería. Pero, que en realidad, les importaba muy poco el bienestar integral de aquellas personas.

Como bien reivindica la abogada y activista gitana, María Filigrana García (2016), el peor plan de realojo de la historia de Sevilla es el que han sufrido la gitanería de Triana junto a otros vecinos, dado que primaba ubicar a las familias en pisos, sin tener en cuenta el derecho al arraigo. Además, sin tener en cuenta las condiciones socioeconómicas de la población. Si bien, en el discurso de las clases dominantes acentúan en la responsabilidad de las familias que residen en el Polígono Sur; la realidad es que se trató de una pésima y malvada solución al problema la marginación social y el chabolismo. De hecho, todo salió según lo habían planeado, por un lado, el centro de Sevilla y sus barrios históricos libres de la imagen de pobreza y marginalidad. Sin embargo, por otro lado, cientos de familias marginadas, estereotipadas y con los índices más elevados de pobreza, delincuencia, fracaso escolar y parados de larga duración. Al escribir estas líneas no sé que me produce más terror, si lo sucedido con las distintas gitanerías de la Península Ibérica o el actual discurso de las clases dominantes, que poseen tan alta persuasión, al punto que las víctimas aparecen como los malvados de la película. A continuación, se expondrá algunos ejemplos que ha expuesto Filigrana (2016) de los medios de comunicación masivos:

Las 3000 viviendas, uno de los lugares más peligrosos de España», titular del programa Espejo Público de Antena 3.

Las tres mil viviendas, el barrio más peligroso de Sevilla. El 80% de los vecinos se dedican a la venta ambulante. El mayor problema del barrio son las hogueras», titular en el programa de Ana Rosa de Telecinco.

Desde una interpretación lineal-causal de la realidad, los vecinos de las Tres Mil son así. Por ende, sin los responsables de su situación. Sin embargo, desde una perspectiva sistémica, se aprecia que la realidad está condicionada desde lo macro y desciende al microsistema familiar, la exclusión social es un mal endémico y sistémico, que responde a un sistema de control. Al fin y al cabo, son las personas que viven en cualquier barriada, con la estigmatización de marginal la que debe ocultar su identidad si quiere acceder a un puesto de trabajo. El fracaso escolar está más que garantizado, dado que los centros educativos a los que tienen accedo son los que en peores condiciones están y que menos recursos tienen. Por no resaltar que la inversión municipal brilla por su ausencia. Sin duda, el problema de las Tres Mil Viviendas o de cualquier otra zona no es que vivan las familias gitanas, el problema es que los entes de poder excluyen, segrega, marginan porque responden a sus intereses.

No es de extrañar que a los medios de comunicación sensacionalistas no les interese visibilizar que en las Tres Mil Viviendas "hay más de 50.000 personas que han creado una forma de vida en resistencia a las espaldas de la sociedad mayoritaria que han ideado redes de apoyo y supervivencia envidiables" (Filigrana, 2016, p.16). De hecho, apenas se da a conocer que cuenta con la Factoría Cultural del Polígono Sur, un espacio de formación, desarrollo de proyectos culturales y escaparate de jóvenes talentos del barrio. Así mismo, cuentan con proyectos como Fuera de Serie, que nace en el corazón del maestro del baile, José Suárez, conocido como "El Torombo", iniciativa que tiene como misión sacar a la luz aquellos niños y jóvenes que tienen la herencia del cante, toque y baile gitano. Que han heredado el ADN de las sagas pilares del flamenco: Montoya, Amador, Carrasco, Vega, Fernández, Ortegas, Caganchos, etc.

De igual modo, se podría hablar del trabajo realizado por Emilio Fernández, "Cara Café", mítico guitarrista gitano con la Fundación Alalá, que trabajan con más de 150 niños y adolescentes con edades entre 6 y 16 años. Entre sus objetivos destaca el apoyar a las familias a combatir el absentismo escolar, utilizando como incentivo la posibilidad de aprender diferentes disciplinas artísticas durante la tarde: guitarra, percusión, baile, canto, teatro y artes plásticas, principalmente. Además, cuentan con un Ateneo Cultural que sostiene el vecindario, se implementan proyectos de pedagogía alternativa en alguna de sus escuelas, hay una cocina solidaria autónoma, entre muchas cosas.

Sin lugar a duda, el Polígono Sur tiene el potencial para convertirse en un referente, no sólo de la capital hispalense, sino a nivel mundial. Tengan en cuentan que tienen familias que han sobrevivido a las más atroces persecuciones, intentos de genocidios, planes de exterminio sistematizados, estigmatización, asimilación forzada, etc., y siguen custodiando la identidad Romipen. No nos debemos olvidar que cualquiera de sus vecinos tiene el arte suficiente para poner a los teatros de pie. Se han preguntado qué sería la Bienal de Sevilla, uno de los acontecimientos más importantes del mundo por la exposición del flamenco, sin la gitanería que viven en las Tres Mil.

Creen que los miles de turistas que visitan a Sevilla lo harían sin la influencia de la Romipen en la ciudad. Si Sevilla tiene un color especial, el tinte de la cultura gitana forma parte de ese colorido.

Barcelona

La década de los 50 y 60 fueron días de movimientos migratorios para las familias gitanas andaluzas, dado que la mayoría de ellas se sostenían por el trabajo agrícola o vinculado a este. La modernización de la agricultura provocó que un número elevado de Gitanos abandonaron el campo en dirección a las grandes urbes. Siendo Madrid, Barcelona y Valencia las zonas que elegían para una mejor vida. No hace falta matizar que los gitanos fueron ubicados en los extrarradios, al margen del progreso y el desarrollo social (García & Castillo, 2009 en AEG, 2019; Rothea, 2014).

Como señala Carrasco-Calvo (2023), el crecimiento demográfico de las ciudades conllevó una serie de dificultades que se fueron agravando sin que los entes de poder asumieran las necesidades urbanísticas ni las sociales de los nuevos barrios. Lo que devino en modo de existencia comunitaria basado en la hostilidad, la que hondaba sus raíces en las injusticias y las desigualdades. La brecha de desigualdad social se fue dilatando de forma exponencial, dado que quienes tenían que dar respuesta carecían de una mirada limpia y de justicia social; más bien eran personas obtusas, con estrechez de miras, que manifestaban estupidez en las soluciones que planteaban ante los problemas que las mismas acciones u omisiones generaban.

Siguiendo los datos aportados por Fabra y Huertas (1976, en Ujaranza, 2009), los primeros años de los 50 el estado pagaba la mitad del billete de tren a los andaluces que quisieran emigrar a Barcelona. De ahí que entre 1950 y 1955 se censaron 1.400 barracas, de las cuales un 30% eran de familias gitanas. Cabe resaltar que los principales poblados chabolistas eran: el Somorrostro, el Campo de la Bota, La Perona.

El derecho al arraigo se ha violado constantemente con las familias gitanas. Lo vivido por la gitanería de Triana es un común denominador para el resto de población gitana. A continuación, expondremos lo sufrido por los gitanos que vivieron el Somorrostro.

El Somorrostro

Las primeras referencias acerca del Somorrostro datan entre 1879 y 1887, precisamente, hablan de la detención de una persona que llevaba la ropa que había robado a dicho lugar. El barrio estaba situado en una angosta franja de playa, entre el mar, los muros de la fábrica del gas, el hospital de los Infecciosos, la riera del Bogatell y la vía del tren. El barrio estaba dividido en dos partes. El más cerca de la playa conocida por la Barceloneta, se le conocía por el cerro de los gitanos. Cabe resaltar que se trataba de una elevación artificial, resultado de la acumulación de escombros que cotidianamente se vertían. Se trataba del sitio peor, sucio y maloliente del barrio. Las barracas se erigieron sobre un frágil cemento, fruto de la mezcla de arena húmeda con el resto de los residuos de carburo que la fábrica de gas vertía en la playa. Normalmente, por puerta ponían un simple saco. Dicho espacio fue desapareciendo a la medida que se construía el paseo marítimo de la Barceloneta (Vallbona, 2016).

El Somorrostro alcanzó fama mundial, dado que, gracias al valiosísimo documento del padrón, se puede certificar que en la barraca 48 vivía la "Capitana" del baile gitano, Dña. Carmen Amaya. La artista internacional, que llevó la cultura Romipen y la marca España por todo el planeta, en 1963, bajo la dirección de Francisco Rovira-Beleta filmo en su entorno de infancia, la película: "Los Tarantos". Qué duda cabe que el Somorrostro ha sido un espacio donde se ha fraguado la gitanidad, ya que artistas de la talla de la Chunga, la Singla o Juan de la Vara, entre otros han vivido ahí (Hidalgo, 2014; Madridejos, 2012).

Finalmente, el Somorrostro fue derribado el 25 de junio de 1966. Francisco Franco decidió presidir unas maniobras navales, sin embargo, como las autoridades locales temían que el dictador contemplarse la miseria del barrio durante el trayecto de la armada por el litoral, en una noche fueron arrasadas aquellas barracas de casi un siglo de historia (Vallbona, 2016).

A continuación, se va a exponer el testimonio de D. Ramón Santiago Torres (Cerreruela et al., 2021), gitano que vivió el realojo de las familias gitanas del Somorrostro:

Cuando todos llegamos a San Roque no se pueden ustedes imaginar la alegría de esa verbena de San Juan. Pasamos, de la noche a la mañana, a tener un piso donde había grifos de agua y luz eléctrica. Pero ese mismo día se empezó a tener problemas porque muchos gitanos fueron a parar a unos barracones de madera que sí tenían luz, pero no agua. Muchos tuvimos suerte y otros tuvieron menos suerte. Resultó que los pisos no estaban ni la mitad terminados: a unos les faltaron grifos, estaban sucios con mucho cemento en el suelo, las paredes sin rellenarlas ni las ventanas en condiciones (p.35).

Conocimos a una asistenta social que su nombre es Carmen Garriga que fue y es la paya que más ha luchado pidiendo nuestros derechos. Fue la única persona que tuvo el valor de pelear, de discutir como si estuviera defendiendo a su misma familia con esa moral y ese valor. A ella no le importaba nada, lo único que no podía ver y consentir era que nos ofendieran de la forma que se ofendió a las personas que vivían en los barracones

Como se puede apreciar, ante tantas injusticias, propias del antigitanismo, la Trabajadora Social y profesora de la Universidad Autónoma de Barcelona, junto a su esposo, el catedrático de Sociología de la Universidad de Barcelona, Salvador Carrasco han sido esos aliados que el Pueblo Gitano han tenido que desinteresadamente han alzado la voz denunciando las barbaries cometidas contras las familias gitanas. Seguidamente, se expondrá un fragmento del trabajo de Garriga y Carrasco (2012).

Hemos podido acompañar de cerca a nuestros conciudadanos gitanos, algunos de ellos buenos amigos y amigas, en muchas de sus alegrías y sufrimientos. Hemos visto crecer a sus hijos e hijas y mejorar sus condiciones de vida. ¿Cómo olvidar los traslados forzados?; ¿cómo borrar de la frente el recuerdo de la vida de las chabolas, entre otros barrios, del Somorrostro o aquellos tricornios vigilantes del frio amanecer del día 19 de diciembre de 1969, cuando se llevaron, por fuerza, a cincuenta familias que quedaban en los tres barracones del Barrio de San Roque (montados en camiones como un mueble o un trasto más) a un destino desconocido, que resultó ser el de otras barracas en otro barrio de la gran ciudad vecina? (p.55).

A simple vista, se puede llegar a creer que se trató de una mala gestión administrativa. Si bien es cierto, pero no es toda la verdad, ya que, como expone Garriga y Carrasco (2012, la investigación que realizaron cuatro décadas más tarde demostró que habían "motivos mezquinos y las rivalidades políticas entre dos alcaldes franquistas, que llevaron a aquella bochornosa y vergonzosa situación" (p.55). La Historia pone en evidencia que es muy fácil hacer negocios con la dignidad y la vida del Pueblo Gitano. Es más, sale gratis cometer fechorías y delitos si los damnificados son los gitanos. Sin duda, detrás de la realidad sociodemográfica de las familias gitanas; además del antigitanismo estructural y sistémico, aparecen réditos económicos, donde expropiar, violar derechos y cualquier otra crueldad produce beneficios económicos.

La Mina

En 1968, las autoridades franquistas en San Adrián de Besós, que limita con el municipio de Barcelona, edificaron el primer bloque del barrio que se conoce por La Mina. Un año más tarde habían construido 90 pisos de cinco plantas, al punto que para 1975 ya contaba con más de 15.000 habitantes y 2029 viviendas. En la actualidad, según el Anuario de Población del ayuntamiento de San Adrián de Besós de 2022, el barrio de La Mina tiene censada una población de 10.239 habitantes (representando un 27,5% del total del municipio). Si bien es verdad que las del barraquismo eran deplorables y que la construcción de barrios en los extrarradios mejoró las condiciones sociosanitarias de las familias. Pero, es indudable la intencionalidad de la marginación sistémica y estructural. Dado que la construcción del barrio responde a la necesidad de erradicar los diferentes núcleos de chabolas de la Ciudad Condal. Se diseñó una estrategia en la que el barraquismo horizontal, dado que ocupaban espacios de alto valor económico, se convirtió en barraquismo vertical, en el extrarradio, lejos de la vista de los visitantes de la ciudad. Es necesario subrayar que la realidad sociodemográfica de la Mina ahonda sus raíces en el realojamiento de diferentes grupos de población chabolistas, entre las que destacan las familias gitanas que residían en el Campo de la Bota, la Perona y otros lugares. Por lo que, se trata de un barrio racionalizado y funcional, que emana como resultado de una estrategia de control, en la que se estigmatiza a sus habitantes. Como explica Agüero-Fernández (2018), "son fruto de una política urbanística antigitana consistente en aislar, alejar y concentrar para mejor reprimir a la población gitana y para transmitir al resto de la ciudadanía tranquilidad de conciencia: Los tenemos controlados".

En definitiva, tanto Polígono Sur (Sevilla), así como La Mina (Barcelona) ponen de manifiesto que el Estado español, dirigido por el franquismo, ha construido un estilo de barrios que se caracteriza por la segregación espacial, el "barraquismo vertical", el apartheid "de facto" y el paternalismo burocrático de los años posteriores. Si bien, los discursos están adornados con falacias populistas, donde "todo es por el pueblo". Pero, en realidad se trata de procesos que reproducen la invisibilidad social, potenciando la estigmatización, el rechazo y; finalmente, la exclusión. Sin duda, se trata de una serie de actuaciones que manifiestan la crueldad, propia del racismo moderno (Lagunas, 2006, p.9).

Ghetos

El trabajo de Agüero-Fernández (2018) expone: "Cada ciudad, cada pueblo, me atrevo a decir cada pedanía recóndita de este país, tiene un gueto que responde a los nombres de: Poblado Gitano, Barrio

Gitano, Barrio Conflictivo, etc.". Indubitadamente, las familias gitanas, además de sufrir siglos de estigmatización por el simple hecho de ser gitanos, la localización geográfica ha producido un añadido más; la estigmatización vivir en un barrio marginal. Siguiendo a Elorza (2019), la localización geográfica de los distintos grupos sociales está estrechamente vinculada a las formas en la que estos grupos acceden a la ciudad y a sus recursos. Lo que pone de manifiesto el proceso de desigualdad social que sufren las personas que residen en barrios estigmatizados.

Siguiendo a Carman, et al. (2013, en Elorza, 2019), una de las formas de segregación es la "acallada", que hace alusión a la producción directa de segregación de forma invisible. Su presentación responde a una medida de asistencia social, con el discurso de la inclusión, cuando en realidad produce el efecto contrario; la exclusión o el desplazamiento de sectores populares. En otras palabras, sirva de ejemplo los casos de cientos de familias gitanas que se asentaron en los extrarradios de las grandes urbes. Si bien es cierto que los tipos de viviendas respondían a la marginalidad. Sin embargo, con la expansión urbanísticas dichos espacios elevaron su valor económico. Los inversores capitalistas necesitan el espacio para su redito económico. Por lo que, con un discurso integrador y social se ofrecen viviendas para sacar de la marginalidad a las familias, cuando en realidad se les estaba reubicando en lugares que se originaron con voluntad de guetos y en guetos se han convertido.

Como dice el sociólogo Heredia-Moreno (2015, en Ouled, 2018), barrios como las Tres Mil Viviendas de Sevilla, La Mina de Barcelona, el Polígono de Almanjayar en Granada o los Palmerales de Elche han nacido gracias a políticas diseñadas para dar dinero a los constructores, en la que se ha violado el derecho del arraigo y el patrimonio cultural gitano. Contando con métodos en los que autoridades rodean los asentamientos, les expulsan y destrozan sus viviendas, de nuevo son trasladados en camiones y realojados de manera forzosa en barrios con Viviendas de Protección Oficial construidas alejadas de la ciudad.

Figura 42

En los ghetos lloramos las gitanas.

Nota. Adaptado de In the Guetto por S. Agüero y N. Fernández, 2018 (https://www.pikaramagazine.com/2018/10/guetos-barrios-gitanos/)

De la gitanería al ghetto

Capítulo 11
El Pueblo Gitano, Ciudadanos Españoles de pleno Derecho

Aunque sea reciente mi carné yo nací hace milenios:

Cuando despacio al paso de la bestia el horizonte se horadaba.

José Heredia Maya

El Pueblo Gitano, una minoría étnica nacional

A lo largo de la investigación se ha demostrado que el Pueblo Gitano español es una minoría cultural que forma parte de la Nación española antes de que esta se constituyera como Estado. En resumen, las familias gitanas han estado en la conquista de América, así como en la pérdida de las colonias. Han participado de los acontecimientos bélicos defendiendo a España. Han vivido desde las monarquías absolutista, pasando por las repúblicas, hasta las acérrimas dictaduras. Como destaca el jurista gitano, Fernández-Jiménez (2018), "los gitanos forman parte de la pintura de Murillo, de las obras de Cervantes, del cine de Saura o Buñuel. Son el otro lado del espejo de Picasso, de Lope, de Azaña" (p. 150). En definitiva, no se entendería a España sin la presencia, aportación e influencia de la Cultura Romipen. Si bien, las familias gitanas residen en la Península Ibérica desde el siglo XV, en pleno siglo XXI, residen diseminados por todo el territorio español con una población que se estima entre 750.000 y el 1.000.000 de personas (Ministerio de Sanidad, Servicios Sociales e Igualdad, 2016). Siguiendo a Carmona (2021), el Pueblo Gitano se reconoce como Minoría cultural o étnica española a partir de la Constitución de 1978. Una minoría, define Capotorti (1991, en Carmona 2021):

Grupo numéricamente inferior al resto de la población de un Estado, en una posición no dominante, cuyos miembros (siendo nacionales de dicho Estado) poseen características étnicas, religiosas o lingüísticas distintas de aquellas del resto de la población y muestran, al menos implícitamente, un sentido de solidaridad, dirigido a la preservación de su cultura, tradiciones, religión o lengua. (p. 568).

Lo que implica un reconocimiento al Romipen (del Romano:

"gitanidad") al criterio global que identifica a la minoría cultural gitana. Es decir, a su lengua, el Romano; su propia bandera, celeste y verde con una rueda en el centro; su propio himno internacional, el Gelem, Gelem; y a la Celebración del Día Internacional de Pueblo Roma, el 8 de abril, en conmemoración del 1° Congreso Mundial Gitano de Londres en 1971. Además, de todos los elementos culturales que hacen que dicho pueblo sea parte de la diversidad que componen al Estado español (Fernández-Jiménez, 2018; Hancock, 2004; Macías, 2017).

Figura 43
Juan de Dios Ramírez Heredia, primer diputado gitano.

Nota. Elaboración propia. Fotografías de, Wikipedia, 2023 (https://acortar. link/lASSIAM)

El Pueblo Gitano Español y la Constitución Española (1978)

Sin lugar a duda, será a partir de la democracia española de 1978 cuando se le pone fin a "seis siglos de conciudadanía accidentada" (Salinas, 2015, p.96). Con la Constitución Española (1978), viene para los gitanos un reconocimiento al considerarlos Ciudadanos Españoles de pleno Derecho. Siendo un hecho histórico la intervención del gitano, Juan de Dios Ramírez Heredia, Diputados de UCD (Unión de Centro Democrático) en el Congreso de los Diputados a fin de que el Ministerio del Interior ordenara la supresión de las alusiones o referencias a los gitanos que se contenían en los artículos cuarto, quinto y sexto de la segunda parte del reglamento para el servicio del Cuerpo de la Guardia Civil (Jiménez-Gonzáles, 2017). Siguiendo a Fernández-Jiménez (2018), se debe tener en cuenta que la Constitución del 78 no puntualiza a ninguna minoría cultural, obviamente, tampoco lo hace de la cultura gitana. Pero, sí es cierto que sienta las bases para el reconocimiento de la existencia de una pluralidad de pueblo, reconcomiendo que los españoles son diversos culturalmente. De ahí que, a diferencia del franquismo, en el Art. 46 expone:

Los poderes públicos garantizarán la conservación y promoverán el enriquecimiento del patrimonio histórico, cultural y artístico de los Pueblos de España y de los bienes que lo integran, cualquiera que sea su régimen jurídico y su titularidad. La ley penal sancionara los atentados contra este patrimonio (1978, en Fernández-Jiménez, 2018, p.148).

Si bien es cierto que la Constitución del 78 no puntualiza acerca de ninguna cultura, sin embargo, con el paso del tiempo, los Pueblos del Estado han avanzado han desarrollado el reconocimiento recogido en los distintos estatutos de cada una de las Comunidades Autónomas. Por lo que, la única cultura en el territorio español que ha quedado huérfana, sin representación política es la gitana. Si lo que en verdad se quieres, una España diversa y plural, como dice Fernández-Jiménez (2022), "la

Romipen es lo que nos define como Pueblo… Nosotros no queremos ningún territorio… Pero, nuestro derecho a ser reconocidos como Pueblo sobre las bases culturales con igualdad normativa al esto de los Pueblo del Estado es irrenunciable" (p.5). Sin lugar a duda, para la plena la inclusión del Pueblo Gitano urge la creación y reconocimiento estatal de un Estatuto de Cultura del Pueblo Gitano.

En definitiva, las personas romespañolas, se sienten gitanas, sin embargo, cabe resaltar que, también se sienten españolas desde hace generaciones. Tal igual como sentirse canario-español, catalán-español, andaluz-español, etc. El legado de la Romipen es amplio, por lo que debe ser reconocido, no exclusivamente por las personas que han nacido en el seno de una familia gitana, sino que debe contar con el pleno reconocimiento de todas las personas que viven en España o cualquier otra parte del mundo. Si no dudamos de que el Estado español cuenta con una riqueza inmensa dado a las diversas culturas o pueblos que lo configura, tampoco debemos de dudar que la pérdida de la identidad gitana supone un déficit descomunal (Fernández-Jiménez, 2018).

Hitos históricos del Pueblo romespañol

A continuación, se enumera los hitos históricos más destacados de las últimas décadas en relación con la integración del Pueblo Gitano (Europa Press, 2019; Fundación Secretariado Gitano, 2013; Ministerio de Sanidad, Servicios Sociales e Igualdad, 2012):

- 1982: Orden del Ministerio de Cultura por la que se dictan normas para la concesión de subvenciones a programas relacionados con la promoción sociocultural de las minorías étnicas.
- 1983: Real Decreto 1174/1983 sobre Educación Compensatoria que pone el énfasis en la igualdad de oportunidades y que tendrá gran importancia en el acceso a la educación de los niños y niñas gitanos.
- 1984: El Senado, a través de la Comisión del Defensor del Pueblo y Derechos Humanos, estudia la problemática gitana.
- 1985: La Junta de Andalucía crea la Secretaría de Estudios y Aplicaciones para la Comunidad Gitana.
- 1986: Creación de la Unión Romaní Española como Federación de Asociaciones Gitanas.
- 1989: El Ministerio de Trabajo y Asuntos Sociales pone en marcha, junto con las Comunidades Autónomas, el Programa de Desarrollo Gitano, cuyo objetivo general es "la integración de la población gitana española desde el punto de vista social, educacional y económico.
- 2005: Se crea el Consejo Estatal del Pueblo Gitano "como un órgano colegiado y consultivo, para formalizar la participación y colaboración de las organizaciones relacionadas con la población gitana en el área de bienestar social". Real Decreto 891/2005.
- 2007: Creación del Instituto de Cultura Gitana. Orden CUL/1842/2007, de 31 de marzo. La

reunión constitutiva de su patronato, presidida por la Ministra de Cultura se celebra el 31 de mayo.

- 2008: Declaración Institucional con motivo del 8 de abril, Día Internacional del Pueblo Gitano. 10/04/2018 congreso de los Diputados.
- 2010: El 16 de noviembre de 2010 en la Lista del Patrimonio Cultural Inmaterial de la Humanidad de la Unesco.
- 2012: Estrategia Nacional para la Inclusión Social de la Población Gitana en España 2012-2020.
- 2015: El 27 de septiembre de 2015 el pleno del Congreso de los Diputados aprobó por unanimidad de todos los grupos parlamentarios una Proposición no de Ley, "por la que se insta al Gobierno a promover la cultura, la historia, la identidad y la lengua del pueblo gitano".
- 2019:

1. El Departamento de Educación del Gobierno de Navarra impulsa la creación de un grupo de trabajo para la elaboración de materiales curriculares que incluya la realidad de la historia y cultura del pueblo gitano. Con la inclusión de la historia del pueblo gitano en el currículum.

2. El Congreso de los Diputados cuenta con cuatro representantes de Pueblo Gitano, la mayor representación de esta comunidad

en su historia. Sara Giménez, por Ciudadanos en Madrid; Beatriz Carrillo, por PSOE en Sevilla; Ismael Cortés, por En Comú Podem en Tarragona;

y Juan José Cortés, por el Partido Popular en Huelva.

• 2022. El Congreso de los Diputados aprueba la conocida como 'ley Zerolo', que incluye la modificación del artículo 22 del Código Penal para tipificar el antigitanismo como delito específico.

Análisis sociodemográfico del Pueblo Gitano en España

Demografía del Pueblo Gitano en España

Con relación al Estado español, se estima que la población del Pueblo Gitano/caló supera a las 750.000, estimación máxima de 1.000.000 personas, según los datos aportados por la sociedad civil gitana, principalmente por las asociaciones gitanas u otras organizaciones (Macías, 2018). Cabe destacar que, no existen datos oficiales acerca de la población gitana, motivado por la legislación sobre protección de datos de carácter personal (Ley Orgánica 15/1999, de 13 de diciembre, de Protección de Datos de Carácter Personal; BOE núm. 298, de 14 de diciembre), en el que se protege la información concerniente a la etnia de las personas, entre otras cosas. A lo que se le suma, el rechazo rotundo del Pueblo Gitano a que haya algún tipo de censo de su población, ya que la historia crea desconfianza, así como un temor apabullante del uso que se le pueda dar a los datos. En base a la expuesto, en España se disponga de estimaciones. Por lo que, las aproximaciones de diversos estudios se estima que las comunidades autónomas con más población gitana en sus municipios son Andalucía (350.000), Cataluña (65.000), Madrid (60.000) y Comunidad Valenciana (50.000). Siendo la Comunidad Autónoma de Canarias la que menos personas del Pueblo Gitano registra con unas cifras que oscilan entre las1.500 y las 3.000 personas (Ministerio de Sanidad. Servicios Sociales e Igualdad, 2016; Ministerio de Sanidad. Servicios Sociales e Igualdad, 2018).

Situación poblacional Pueblo Gitano en España

Siguiendo la investigación realizada, De la Rica, Gorjón, Miller y Úbeda (2019), en la que se analiza la situación de la población gitana en España en relación con el empleo y la pobreza, la Figura 3 muestra las diferencias entre la población del Pueblo Caló y la población general española. Como se puede apreciar, la población gitana es más joven que el total del resto de la población, puesto que el 66% de la población calí es menor de 33 años, siendo un 30% de la población mayoritaria las que están por debajo de esa edad. En relación con las personas mayores de 60 años, la pirámide poblacional de los calós evidencia que no llega al 8% del total, mientras que la población toda tiene un 25%. Por ende, la población gitana cuenta con una composición por edad diferente a la del reto de la población, siendo el caló y calí más jóvenes.

Figura 44
Pirámide demográfica: población gitana y población general.

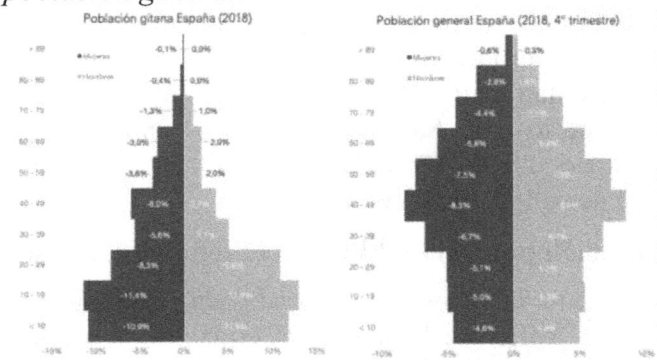

Nota. Adaptado de Los Modelos Parentales del Pueblo Gitano en Canarias y su impacto en el éxito educativo, por S. De la Rica, 2019 en J. Carmona-Santiago, 2021, p. 29. (https://riull.ull.es/xmlui/handle/915/28281).

Nivel educativo del Pueblo Gitano en España

Si el desarrollo histórico del Pueblo Gitano en la Península Ibérica está marcado por el exterminio sistematizado, reduccionismo, racismo y estigmatización social (San Román, 1997; Gómez-Alfaro, 2010; Sánchez-Ortega, 1994), no es de extrañar que la historia de la escolarización de los niños gitanos sea una muestra de la atrocidad. Volvemos a reiterar la frase de Salinas (2015), se trata de "seis siglos de conciudadanía accidentada" (p.96).

Las estrategias educativas con la infancia gitana han sufrido varios procesos, siguiendo a Alfaro (2010), en los siglos XVII y XVIII se basen en el modelo "reducción", cuyo método incluía quitar los hijos a las familias gitanas, a fin de socializarlos como vasallos del rey y de la religión cristiana (Salinas, 2009). Con la Pragmática de 1783, de Carlos III, se cambió la estrategia, de la "reducción-desaparición" (Salinas, 2009, p.168), se pasó a la asimilación forzada. En el que la integración de los romaníes era a costa de todas sus señas de identidad (González-Enríquez, 2010).

Es a partir del siglo XX, cuando Andrés Manjón (Abajo,

2010), con el objetivo de cristianizar a los gitanos, aparece las Escuelas del Ave María, de la que Unamuno (Gómez-Rostán, 1998, en Salinas, 2015) dijo: "como obra pedagógica me parece, no ya laudable sino más bien equivocada y funesta" (p. 100). Décadas más tarde las Escuelas Puentes (Garriga 2000). Método paternalista que segregó al alumnado gitano, justificado por factores económicos y sociales (Salinas, 2009). Con la conversión de España de un Estado democrático (1978) nuevos aires se vaticinaban para las familias gitanas, sin embargo, no se ha creado ningún marco legislativo en políticas educativas que sea específico para los gitanos.

Hasta finales del siglo, se desarrolló la estrategia educativa, la educación Compensatoria (1983-2000), la cual no estaba destinada específicamente para los calós, sus acciones les afectaron directamente (Salinas, 2009). El propio Comité de Ministros del Consejo de Europa (2000) ha

215

reconocido que situación del alumnado gitano es el resultado de viejas políticas que han conducido a la asimilación o la segregación, considerándolos "discapacitados sociales y culturales".

Sin duda, la educación es clave para la inclusión de los grupos más vulnerables. Siguiendo a Carmona-Santiago et al. (2019), es en el ámbito de la educación donde se arraiga el hándicap para la inclusión social de los gitanos, ya que, entre otras cosas, se deriva su difícil integración al mundo laboral y su plena inclusión en los espacios comunitarios. En base al estudio realizado a nivel del nacional por De la Rica, et. al (2019), el Pueblo Gitano cuenta con cifras en las que el 14% de las mujeres y el 6% de los varones son analfabetos. Sin embargo, para el total nacional el incidente del analfabetismo es prácticamente inexistente tanto en hombres como en mujeres. A su vez, revela una brecha de género muy sustancial en la población gitana. A su vez, mientras la sociedad mayoritaria cuenta con más de un 50% de las personas tiene una formación superior a la ESO, las mujeres calí apenas son un 2,8% y un 4,6% en el caso de los hombres. Si se tiene presente que la Educación en Secundaria de carácter obligatorio, estamos ante un fracaso estrepitoso, ya que el sistema ha fracaso con un 72,1% de las mujeres gitanas con un 64,6% de los hombres del Pueblo Gitano.

No obstante, es de resaltar que en España las familias gitanas han avanzado en la escolarización de sus hijos e hijas. Hay que destacar que el 96% de los menores gitanos está matriculado en la escolarización obligatoria y el 87% de la infancia ha asistido a Educación Infantil (Ministerio de Sanidad, Servicios Sociales e Igualdad, 2016).

Figura 45

Nivel educativo del Pueblo Gitano en España.

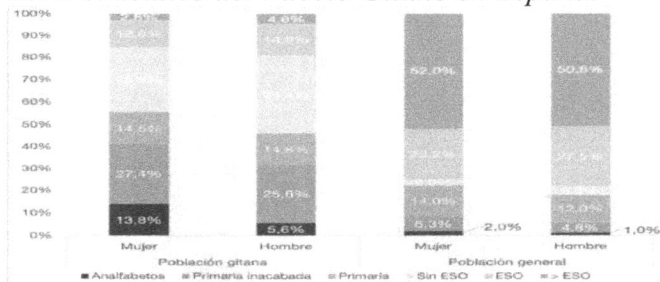

Nota. Adaptado de Los Modelos Parentales del Pueblo Gitano en Canarias y su impacto en el éxito educativo, por S. De la Rica, 2019 en J. Carmona-Santiago, 2021, p. 30. (https://riull.ull.es/xmlui/handle/915/28281).

Situación laboral del Pueblo Gitano en España

Los datos aportados por De la Rica, et. al (2019), evidencian la brecha de desigualdad social en la dimensión de empleo. Puesto que el número de personas gitanas paradas supera con creces a las de la población mayoritaria. En el caso de los primeros un 29,48% está parada, mientas que un 8,44% de las segundas. A su vez, destaca la diferencia que el porcentaje de personas mayores de 15 años que estudia, siendo ínfimo el del Pueblo Gitano, apenas un 3,22%; siendo un 11,61% de la población general. Por lo que la brecha desigualdad se va a perpetuar en los próximos años, ya que existe una

217

relación directa entre formación y empleo (Domínguez, 2018).

Figura 46

Situación laboral del Pueblo Gitano en España.

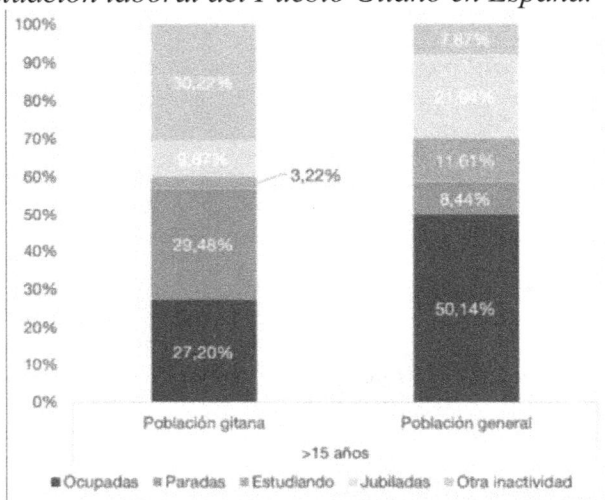

Nota. *Adaptado de Los Modelos Parentales del Pueblo Gitano en Canarias y su impacto en el éxito educativo, por S. De la Rica, 2019 en J. Carmona-Santiago, 2021, p. 29. (https://riull.ull.es/xmlui/handle/915/28281).*

La situación de pobreza en el Pueblo Gitano

El estudio específico sobre la situación de la población gitana realizado por la Fundación Secretariado Gitano (2019), entre sus resultados destaca que la pobreza y la exclusión afecta a más del 80% del total de la población gitana y el 46% es extremadamente pobre. Así mismo, la pobreza infantil se sitúa en un 89% frente a un 30,7% en la población general. A su vez, entre sus conclusiones enfatiza en que el nivel de vulnerabilidad social persiste, ya que se trata de un problema estructural, cronificado, que produce una dilatación mayor en la brecha de desigualdad entre las personas gitanas y el conjunto de la población.

La situación en materias de Salud del Pueblo Gitano

Como bien indica la Organización Mundial de la Salud (2009, en Ministerio de Sanidad. Servicios Sociales e Igualdad, 2016), "La salud depende de las circunstancias en las que las personas nacen, crecen, viven, trabajan y envejecen" (p.4). Por lo tanto, las condiciones socioeconómicas, culturales y ambientales determinarán el nivel de Salud de la población. A continuación, se expone los resultados más destacados de la Segunda Encuesta Nacional de Salud a Población Gitana, 2014 (Ministerio de Sanidad. Servicios Sociales e Igualdad, 2016), en los que resalta que estado de salud perciben las personas del Pueblo Caló es, en términos generales, bueno, como en el conjunto de la población de España. No obstante, para la mayoría de los indicadores de salud que se han analizado, se puede observar que los gitanos y las gitanas presenta peores resultados que el resto de la ciudadanía española.

•   En relación con el consumo de diario de tabaco, es superior en los hombres gitanos en comparación con el conjunto de la población masculina de España (54,2% frente a 28,3%). A su vez, los hombres calós que no han fumado nunca son el 14,3% frente al 42,2% de los hombres de la población general. Cabe destacar que, en el caso de las mujeres gitanas, la cifra es de 71%, cuando en las mujeres de la población general es de 62,7%.

• La población adulta gitana el sobrepeso o la obesidad están presentes en el 69,5% de los hombres frente al 60,5% de los hombres de la población general y en mujeres gitanas en el 62,6% frente al 40,3%de las mujeres de la población general. Además, presentan sobrepeso u obesidad el 58,5% de los niños gitanos frente al 32% de los niños de la población general. Las niñas gitanas de 10 a 14 años tienen mayores porcentajes de sobrepeso y obesidad que las de la población general (42,1% frente al 19,8%).

• El porcentaje de personas que han requerido hospitalización en el último año es mayor en la población gitana que en población general. Un 11,1% de los hombres gitanos y un 14,5% de las mujeres gitanas han sido hospitalizados, frente a un 7,5% y un 6,7%, respectivamente, en la población general.

Las familias gitanas en el siglo XXI

Como se ha podido apreciar, a partir de 1499 los Reyes Católicos inician un amplísimo conjunto de Ordenanzas, Instrucciones y Pragmáticas contra el Pueblo Gitano, que perdurarían en el tiempo hasta bien entrado el siglo XX. Por lo que, no es de extrañar que la situación socioeconómica de las familias gitanas sea deplorable (Sánchez-Ortega,

1994; Leblon, 1997; Gómez-Alfaro, 2010). No obstante, los gitanos han sido capaz de hacer frente a la más cruel represión a pesar de todas las pragmáticas y leyes, siendo capaces de sobrevivir, manteniendo una cultura milenaria, la cual han ido transmitiendo a sus generaciones, a pesar de todos los avatares de la vida (Giménez-Adelantada,1994; San Román,1997; Garriga, 2000). Como indica Jiménez-Fernández (2018), director del Instituto de Cultura Gitana, "Existe un grupo humano gitano español que se siente parte de España y de lo que representa… y que han influido en el mismo de tal modo que la realidad española no sería la misma sin la aportación gitana" (p.9).

El Pueblo Caló se debe concebir como un colectivo culturalmente diverso que convive como minoría cultural en todas las Comunidades Autónomas del Estado español (Macías, 2017). Los estudios realizados principalmente desde la Sociología y la Antropología (1973; Garriga; 2000; Garriga y Carrasco, 2011; Giménez-Adelantado, 1994, 2003; Leblon, 1987; San Román, 1997, 2005; López-Ros, 2011) exponen que dicho pueblo posee una serie de valores y rasgos identitarios comunes, aunque con enormes diferencias entre sus subgrupos, entre los que destacan:

- La familia es el centro de la vida, uno de los ejes fundamentales sobre el que se desarrolla la mayor parte de valores del Pueblo Gitano.
- La conciencia de un origen común entre los romaníes.

- El respeto hacia la familia, la comunidad, y hacia otras personas no gitanas, especialmente a personas mayores, mujeres y niños.
- La empatía, solidaridad, hospitalidad, ayuda y apoyo a cualquier familia gitana.
- La salud y la libertad, dos valores anhelados por un pueblo que históricamente ha sido perseguido, reducido y exterminado sistematizadamente.

En efecto, las familias gitanas han demostrado la capacidad adaptarse al medio a fin de garantizar su subsistencia, siendo en el seno familiar donde los gitanos han encontrado su mayor fortaleza De ahí que para el Pueblo Gitano la familia sea el eje principal sobre el que se fundamenta su cultura, cosmovisión, valores, arte y la razón de existencia (Gómez-Alfaro, 2010; Hancock, 2011; Kenrick, 2007).

Personas relevantes del Pueblo Gitano

Contra todo pronóstico, las personas del Pueblo romespañol cuando ha tenido las mínimas oportunidades han demostrado su espíritu de superación. Como sentencia el catedrático de Sociología, Mariano Fernández Enguita (1999): "La escolarización del pueblo gitano puede ser calificada, sin temor a exagerar, como el reto peor resuelto del sistema de enseñanza y las políticas educativas en España". Por lo que, si alguna gitana es capaz de supera la ESO (Educación Secundaria Obligatoria) estamos ante una heroína. Ya que las circunstancias que las rodea la condicionan para que fracase, en la mayoría de los casos. Así mismo, cabe señalar que, en cualquier ámbito, el simple hecho de ser gitano es un factor que discrimina y reduce las posibilidades del éxito. Sin embargo, cada día son más las personas gitanas que han superado las barreras y han logrado superar al sistema antigitanista. A continuación, expondremos algunos ejemplos de héroes y heroínas gitanas. Pedimos disculpas a todos/as que por espacio no hemos mencionado.

Tabla 2.

Logros académicos de personas romespañolas.

Cátedras

- José Heredia Maya (Catedrático en Filología)
- David Carmona (Catedrático de Música)

Doctorados

- Ana Giménez Adelantado (Antropología)
- Diego Luis Fernández Jiménez (Derecho)
- Fernando Macías Aranda (Educación)
- Jerusalén Amador (Sociología)
- Maripaz Peña García (Antropología)
- Ismael Cortés Gómez (Estudios Internacionales de Paz y Conflictos)
- Manuel García Algar (Biotecnología)
- Felisa Reyes Ortega (Ciencias Naturales en España)
- José Carmona Santiago (Psicología)
- Joan M. Oleaque (Periodismo)

- Jesús Heredia Carroza (Ciencias Económicas, Empresariales y Sociales)
- Juan de Dios Ramírez Heredia (Doctor Honoris Causa por la Universidad de Cádiz)

Derecho

- Séfora Vargas Martín
- Diego Santiago Carmona
- Emilio Israel Cortés Santiago
- Thalía Gómez Heredia
- Sara Giménez Giménez
- Juan Silva de los Reyes
- Pastora Filigrana García
- José Miguel Maldonado
- Paqui Fernández Fernández

Trabajado Social

- Noemi Cádiz Santiago
- Josefa Santiago Oliva
- Kelly Rosillo
- Juan Fajardo Cortés
- María José Jiménez Cortiñas
- Sebastián Vargas Damora
- Jorge González
- Loli Santiago Santiago
- Carlos Márquez Amaya
- José Vargas de los Reyes

Psicología

- Zaira Carmona Santiago
- Juan Cortés
- Domingo Jiménez Montaño

- María del Carmen Filigrana

Ciencia de la Salud: Medicina/Enfermería

- José Heredia Cortés
- Antonio Abel Vargas Vargas
- Damaris Cádiz Santiago
- María Santiago Carmona
- Soledad Santiago Carmona
- Alba Carmona Gómez
- Noemí Maldonado Fernández

Historia

- Carmen Heredia Heredia
- Rafael Buhigas Jiménez
- Mercedes Porras Soto
- María Heredia Heredia

Ingeniería

- Moisés Heredia Molina (Informática)
- •Pedro Jiménez Rincón (Aeronáutica)

Teología

- Antonio Carmona Heredia
- Sebastián Vargas Vargas
- José Carmona Maldonado
- Juan José Heredia Vargas

Filología

- Araceli Cañadas Ortega
- Naima Fernández Bustamante

Periodismo

- Miguel Heredia Aguilera

- Amaro Jiménez Borja
- Ana Segovia Montoya
- Joaquín Bustamante
- Sebastián Daniel Sánchez García

Magisterio

- Ricardo Borrul Navarro
- Avelino Pisa Giménez
- Pedro Peña Fernández
- María Dolores Flores Cabrillana
- Ostalinda Suarez Montaño
- Adelina Jiménez Jiménez
- Emilia Peña
- Rafael Heredia Vargas
- Lorena Plantón Amador
- Francisco Plantón Amador
- Loli Fernández Fernández

Sociología

- Nicolás Jiménez Fernández
- José Maya Heredia
- Aarón Giménez

Economía/Empresariales

- José Heredia Carmona
- Cristóbal Maldonado Carmona

Pedagogía

- Concepción Fernández Heredia
- Janire Lizárraga Iglesias
- Manuel Fernández Heredia

Educación Social

- Miguel Ángel Franconetti Andrade
- Juan David Santiago

Artes

- Lita Cabellut (Artista multidisciplinar, en el ranking de los 500 artistas más cotizados por Arteplice.

- Juana Martín Manzano (Diseñadora de Alta Costura, primera mujer española en desfilar en la alta costura de París)
- Pablo Vega (Artista Visual, director de Cine, Productor y Editor)
- Luisa Vargas Rodríguez (Diseñadora de Moda y Alta Costura)

Música

- Paco Suárez (Compositor, director de Orquesta y Coros, especialista en Música Española, Gitana y Música Flamenca)
- Francisco Heredia Torres (Graduado en el Conservatorio Superior de Música del Liceo)
- José Fernández Torres, "Tomatito", artista internacional, ganador de varios Grammys.
- David Peña Dorante (Estudios en el Real Conservatorio Superior de Música)
- Juan Carmona Carmona, "Juan Habichuela" (guitarrista Internacional, eje de la saja de guitarristas conocidos por los "Habichuelas")

- Manuel Moreno Jiménez, "Manuel Morao" (guitarrista Internacional, eje de la saja de guitarristas conocidos por los "Moraos")

Danza/Baile

- Carmen Amaya (artista internacional, actriz, directora de compañía, etc.)
- Manuela Carrasco (artista internacional, directora de compañía, etc.)
- Mario Maya Fajardo (artista internacional, coreógrafo, actor, director de compañía etc.)
- Antonio Montoya Flores, "Farruco" (autodidacta, maestro por excelencia del baile gitano, inspirador del arte Romipen)
- Joaquín Cortés (artista internacional, coreógrafo, actor, director de compañía etc.)
- Eduardo Serrano Iglesia, "El Güito" (artista internacional, coreógrafo, actor, director de compañía etc.)
- Manuel Santiago Maya, "Manolete" (artista internacional, coreógrafo, actor, director de compañía etc.)
- Juan Manuel Fernández Montoya, "Farruquito" (artista internacional, coreógrafo, director de compañía etc.)

Cantantes

- Manuel de Soto Leyton, "Manuel Torre"
- José Monge Cruz, "Camarón de la Isla".
- Manuel Ortega Juárez, "Manolo Caracol"
- Antonio Cruz García, "Antonio Mairena"
- Juan Peña Fernández, "El Lebrijano"

- José Fernández Granados, "Perrate"
- José Cortés Jiménez, "Pansequito"
- Juan José Villar Jiménez, "Juanito Villar"
- Pastora María Pavón Cruz, "La Niña de los Peines"
- Antonia Gilabert Vargas, "La Perla de Cádiz"
- Fernanda Fernández Peña, "Fernanda de Utrera"
- Francisca Méndez Garrido, "La Paquera de Jerez"
- Bernarda Fernández Peña, "Bernarda de Utrera"
- María Fernández Granados, "La Perrata"
- Encarnación Amador Santiago, "La Susi" Etc.

Deportistas

- Paula Heredia (acrobacia y danza)
- Blanca Romero (Muay Thai)
- Rafael Soto Andrade (Jinete)
- José Antonio Reyes (futbolista)
- Daniel Güiza González (futbolista)
- Jesús Navas (futbolista)
- Antonio Amaya (futbolista)
- Samuel Carmona Heredia (boxeador)
- Sebastián Vargas Damora (Muay Thai)
- Sebastián de los Reyes (baloncesto)
- Rafael Salvador Jiménez, "Salvi" (boxeador)

Capítulo 12
El Pueblo Caló en las Islas Canarias

Eres de la mar y te llamas Lola, salpicando vas por la arena y llevas un vestido del color de la mar:

es como cuando el sol se ha ido.

Luis Cortes Barca "el de la Pica".

Los primeros gitanos en las Islas Canarias

En la Comunidad Autónoma de Canarias la presencia del pueblo gitano se remonta al siglo XVI, en el que las gitanas y los gitanos compartieron los viajes hacia América y en los que nuestras islas tuvieron un protagonismo de primer orden. Las primeras apariciones históricas vienen de la mano de los inquisidores, entre 1629 y 1666 hay dos personas gitanas, María de Gracia y Gaspar Ortiz, los cuales fueron procesados por el Tribunal de Canarias por prácticas supersticiosas, mentiras y sortilegios.

Tras siglos de poca presencia de personas gitanas en las islas, es en Ingenio (Gran Canaria), en las primeras décadas del siglo XX, cuando a un gitano, Vicente, apodado el Bigote, se le acusa falsamente de robar un baifo y pasa 25 meses en prisión. Hasta mediados de dicho siglo, las Islas Canarias era destino de gitanos que hacían el Servicio Militar y poco más (Pancho, 2009; Salinas, 2016; Sánchez-Ortega, 1988).

Los orígenes de las familias gitanas que residen en las Islas Canarias en la actualidad

Si bien es cierto que unas familias gitanas a finales de 1940 emigran a las Islas Canarias, su origen más remoto es finales del siglo XVIII del subgrupo o familia (familiyi) de los calós pertenecientes la Alpujarra Granadina, siendo su modo de vida definido por Cantón (2004), como gitanos

233

"sedentarios" o "caseros", los que se integraron en el mundo de los payos, asimilando los elementos culturales castellanos que le permitían vivir sin sufrir persecuciones; pero sin dejar las parte más esenciales de su cultura. Siendo parte esencial de la configuración de la cultura andaluza, crisol de culturas como pueden ser la árabe, la judía, la gitana y la castellana. Las actividades principales desarrolladas en esta época estaban relacionadas al mundo de la fragua y a la "chalanería" (trato de bestias) contribuyendo así al sostén de la economía agraria tradicional de forma constante y sistemática (Gamella, 2006). En contraste con este tipo de forma de vida gitana, ha habido una minoría de gitanos llamados, "los canasteros", aquellas familias que no tuvieron las oportunidades de integrase en aquellos pueblos impregnados de la cultura totalitaria católica castellana. Por lo que la vida nómada era la única opción para seguir vivos. A su vez, lucharon por preservar un estilo de vida más rudimentario, buscándose la vida de un sitio a otro tratando sencillamente de sobrevivir, ya sea fabricando canastas con varetas junto a los ríos, o en el mejor de los casos, con la venta de alguna bestia (Gómez-Alfaro, 2010; Leblón, 1987).

Figura 47
Familia romaní en Santa Cruz de Tenerife a finales del siglo XIX.

Nota. Elaboración propia. Fotografías de, Wikipedia, 2023 (https://acortar. link/lSDFGM)

Dado que las familias asentadas tenían oportunidades mínimas para prosperar, aquel grupo familiar en el siglo XIX se fue trasladando hacia la costa granadina y malagueña, fijando sus residencias, principalmente, en la parte más oriental de la provincia de Málaga (Rincón de la Victoria, Vélez Málaga, Torre del Mar, la Caleta, Algarrobo y Nerja). A partir del siglo XX, aparecen los primeros indicios de la venta ambulante en dicha familia, por lo que fueron abandonado el estilo de vida agraria para introducirse en el mundo del textil. Desarrollando la venta ambulante principalmente en la provincia de Málaga y Cádiz. Si bien hacían viajes comerciales, sus residencias eran fijas.

Por el deseo de prosperar, una parte de la familia en la primera década de dicho siglo emigra a Melilla, siendo notoria su actividad de la venta de ropa en los

235

mercados de abastos, el Mantelete, calle Margallo y el barrio Real. El grupo familiar mantuvo un flujo comercial que unía a Melilla con Málaga, ya que en esta última era el lugar donde compraban la mercancía. Cabe destacar que las primeras familias que emigraron a las "Islas Afortunadas", contaban con más de un siglo de integración, siendo parte del tejido empresarial dedicado a la venta de ropas, habían de desarrollados las técnicas necesarias para la exportación, así como las competencias para vender. Siguiendo al investigador melillense, Heredia-Carmona al periódico digital La Laguna Ahora (24 de abril 2017) "Melilla es el origen de la comunidad gitana de Canarias". Por otro lado, Salinas (2016) además de confirmar lo expuesto, añade que eran provenientes de Málaga. Ambos datos son ciertos, ya que se trata del mismo grupo familiar.

Figura 48

La familia Carmona en Melilla en el año 1927.

Nota. Adaptado de Con nombre propio, por J. Heredia-Carmona, J. 2016. Melilla: Consejería de Cultura, Servicio de Publicaciones.

Las familias gitanas que residen en Canarias desde finales de 1940

En relación con las migraciones gitanas, cabe destacar que las familias gitanas errantes es más un mito que una realidad. Desde, como se ha podido apreciar, desde el siglo XVIII buena parte de la población gitana tienen una residencia fija. Si bien es cierto que ha habido migraciones periódicas, mayormente están ligadas a motivos laborales. Durante la segunda mitad del siglo XX, mientras buena parte de la migración española discurrió entre el campo a la ciudad, algunas familias gitanas se fijaron en las Islas Canarias como lugar para prosperar. Cabe destacar que la residencia de las familias gitanas en las islas, en comparación con el resto de las comunidades autónomas españolas, es el más reciente, aparte de ser menor en número de familias. (Cabanes, Vera y Bertomeu, 1996; Heredia-Carmona, 2016). Con motivos de cumplir con el Servicio Militar, algunos jóvenes gitanos fueron destinados a las Islas Canarias, los cuales encontraron un lugar en auge comercial. Fueron precisamente sus reportes, los que suscitaron el interés de aquellas familias emparentadas que residían tanto en Axarquía de Málaga como en Melilla, siendo la década de los cuarenta cuando las primeras familias y se establecieron las islas de Gran Canarias, Tenerife y, posteriormente, Lanzarote (Heredia-Carmona, 2016; Juntos en la misma dirección, 2018; Salinas, 2016).

Una década más tarde, las Islas Canarias se convertiría en lugar de residencia de muchos gitanos distintas partes de España que buscaban un mundo mejor para sus familias. Los vecinos de los municipios canarios acogieron con agrado al pueblo caló, en dicho contexto, los gitanos se encontraban en las mejores condiciones para trabajar como a ellos les gustaba, desde la autonomía, principalmente en la ambulante de ropa, lo que supuso el inicio de un proceso de integración y mayor prosperidad (Informaciones Canarias, 2018; Pancho, 2009; Salinas, 2016). Cabe destacar que, la comunidad gitana en Canarias es muy diversa, en relación con la península, presentando realidades diferentes, en función del municipio donde resida (Informaciones Canarias, 2018).

La población Gitana que reside en la provincia de Las Palmas

La ubicación geográfica de las Islas Canarias, entre la Península Ibérica, África y América Latina ha sido clave para las relaciones comercio entre estas regiones. De ahí que a finales del siglo XIX haya un fuerte crecimiento en las ciudades portuarias canarias. Si bien es cierto que a finales de los 40 del siglo pasado España estaba en días de la postguerra, a diferencia con el resto de la península, las Islas Canarias económicamente contaba con un flujo comercial que hacía a nivel de vida fuera mucho mejor que en la península.

Figura 49

Conmemoración del Día Internacional del Pueblo Gitano en el Parlamento de Canarias, 2022.

Nota. Adaptado de El Parlamento celebra el Día Internacional del Pueblo Gitano, por Presidencia, 2022. Parlamento de Canarias.

Motivadas por el bienestar económico, las primeras familias gitanas procedentes de la provincia de Málaga y Melilla se establecieron en Las Palmas, entre otras cosas, porque en la capital estaban los negocios que vendían ropa al mayor, donde esas familias "empleaban" (comprar al mayor) para vender de forma ambulante por el resto de la isla y en el mercado capitalino. Las posibilidades de desarrollar las habilidades comerciales para aquellas familias gitanas conllevaron una pronta prosperidad, al punto que en 1950 alrededor de un millar de personas gitanas que residían en Melilla por motivos económicos se establecen Canarias (Carmona-Heredia, 2016; Suárez-Bosa, Jiménez-González y Castillo-Hidalgo, 2011).

Una vez asentadas en Las Palmas, desde ahí, comenzaron a viajar tanto por la misma isla, así como por el archipiélago. Durante los años 1950-1960, la mayoría de los gitanos trabajan en el interior de la isla vendiendo ropa a la sociedad canaria fundamentalmente agraria. Dada la comodidad para vender algunas familias comenzaron a fijar su residencia en el municipio de Telde e Ingenio, años más tarde en San Bartolomé de Tirajana. A partir de la década del setenta, nuevas oportunidades comerciales se dan para las familias gitanas que residían en Gran Canaria, las cuales descubren un nuevo nicho de mercado, ya que la isla se convirtió en una de las mejores opciones para turismo de masas, el modelo que se ha definido como de sol y playa. Si bien muchas familias continuaron vendiendo al vecino canario, muchas otras, comenzaron a hacerlo de cara al turismo, promocionando la mantelería, propio de la artesanía canaria, para su venta a los turistas.

Es significativo que en los años ochenta la red de mercadillos de la isla se amplió orientándose en la zona sur hacia el turismo, a lo que se le suma la apertura de tiendas, lo que supuso el mayor esplendor económico para las familias gitanas canarias que duraría hasta la última década del siglo XX. Sin duda, la destreza de las mujeres y hombres gitanos para la venta directa es una de las potencialidades que cuenta la mencionada población.

Figura 50

Conmemoración del Día Internacional de Pueblo Gitano en Cabildo de Gran Canaria en 2018

Nota. Diagnóstico Comunitario con la Población Gitana de Ingenio (G.C.), por J. Carmona-Santiago, 2021. Cabildo de Gran Canaria.

En la segunda década del presente siglo, son varios los municipios con presencia de ciudadanía gitana. Principalmente en los municipios de: Las Palmas: las zonas de la Isleta, la Paterna y Tamaraceite; Ingenio: Carrizal y Cuesta Caballero; San Bartolomé de Tirajana: Maspalomas y Arguineguín; en menor proporción, Jinámar y Telde (Heredia-Carmona, 2016; Informaciones Canarias, 2018; Salinas, 2016). Sin embargo, el devenir comercial, con la apertura de las grandes superficies y el modelo de franquicias, propio de las sociedades del siglo XXI; a lo que se le suma, la falta de formación de las nuevas generaciones gitanas, el estilo de vida de las familias se ve evocada al abandono de la larga tradición familiar de venta de ropa. Por lo que, las nuevas familias se van incorporando al trabajo del sector servicio o terciario, lo que ha supuesto un mayor nivel de integración en la sociedad mayoritaria, lo que significa un paso hacia atrás, teniendo en cuenta que lo deseado sería la inclusión. Ya que, las familias gitanas están pasando de la emprendeduría y la autonomía a ser empleadas.

La población Gitana que reside Ingenio (G.C.)

Cabe destacar que, si bien todos los municipios Gran Canaria acogieron con agrado al pueblo caló, es en la Villa de Ingenio donde la integración toma mayor relevancia. En el sureste de la isla de Gran Canaria se da una situación deseada y soñada por muchos donde ser gitano es formar parte de la diversidad que enriquece a la humanidad. De hecho, a nadie sorprende que haya matrimonios interculturales con aceptación plena por ambas familias extensas, lo que supone romper las barreras étnicas y mal llamadas "raciales". Por las calles de zonas como Cuesta Caballero o Carrizal es habitual ver reuniones donde brilla la amistad, la diversidad y el colorido étnico. Unas 300 personas pertenecientes a esta etnia viven en la actualidad en Ingenio. El pueblo gitano llegó en la década de los cincuenta del siglo XX a Ingenio y que se han fusionado en el municipio, aportando lo mejor de la cultura de su etnia y enriqueciéndose y disfrutando también de la forma de vida de los canarios (Cabildo de Gran Canaria, 2018; Heredia-Carmona, 2016; Informaciones Canarias, 2018; Salinas, 2016).

En el año 2018, por iniciativa de la Consejería de Gobierno de Política Social y Accesibilidad del Cabildo de G.C. y la colaboración del Ayto. de Ingenio se puso en marcha el proyecto: "Análisis de la Situación Socioeconómica del Pueblo Gitano Residente en el Municipio de Ingenio (Gran Canaria)". Por primera vez en la historia de la población gitana que reside en las Islas Canarias se ha realizado un proyecto desde la Metodologías Participativas, en la que las personas que tradicionalmente eran objeto de estudio han pasado a ser sujetos-objetos, ya que ellos/as se investigan así mismos/as.

Figura 51
Población gitana ingéniense realizando el diagnóstico comunitario

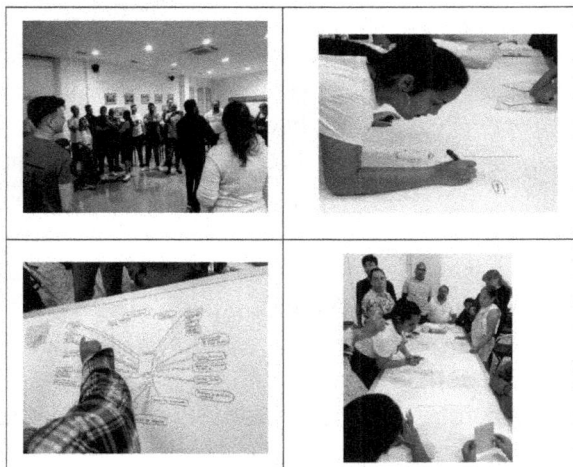

Nota. Diagnóstico Comunitario con la Población Gitana de Ingenio (G.C.), por J. Carmona-Santiago, 2021. Cabildo de Gran Canaria.

Es precisamente en Ingenio donde por primera vez se puede hablar del Pueblo Gitano residente con conocimiento de causa, ya que la investigación realizada muestra a una población que se estima entre 273 a 350 personas aproximadamente, contando con más de 79 familias, las cuales un 91% de ellas llevan más de 20 años empadronadas (Consejería de Políticas Sociales y Accesibilidad del Cabildo de G.C. 2018, p. 65).

Las familias gitanas, a diferencia de muchas partes de la península ibérica, no residente en zonas marginadas, guetizadas. Más bien están integradas en el municipio ya que un 53% residen en el Carrizal, un 33% en Cuesta Caballero y en otras partes del municipio (Consejería de Políticas Sociales y Accesibilidad del Cabildo de G.C. 2021, p. 65). Además, cabe destacar que un 25% de las viviendas sean de propiedad, mientras que un 32 de las viviendas sean de VPO (Consejería de Políticas Sociales y Accesibilidad del Cabildo de G.C. 2021, p. 68). En definitiva, la segregación y la marginalidad no son señas de identidad de los gitanos y gitanas ingéniense. Según los datos aportados por la investigación, "Diagnóstico Comunitario con la Población Gitana de Ingenio (Gran Canaria)" (Consejería de Políticas Sociales y Accesibilidad del Cabildo de G.C. (2021, p.p. 95-107), la población gitana que reside en el municipio de Ingenio, en relación con la situación laboral/ocupacional, cuanta con cifras en la que es significativo que más del 80%, tanto en hombres como en mujeres estén en el paro y hagan mercadillos. De igual forma, destaca que un 10% de mujeres y un 9% de hombres estén empleados, siendo ínfimo el resultado para empresarios/a, apenas un 1% para hombre y un 2% para mujeres.

En relación con la dimensión educativa, destaca que no existe ningún menor del Pueblo Gitano que no esté escolarizado, sin dudas, un avance. Sin embargo, el éxito escolar es la asignatura pendiente, ya que de las 57 personas jóvenes (18 a 34 años) apenas 9 de ellas/os tienen el título de la ESO, es decir, más de un 84% de fracaso escolar (Consejería de Políticas Sociales y Accesibilidad del Cabildo de G.C., 2021, p.p.108-120).

En la misma tónica que las dimensiones expuestas, en materia de Salud los datos son preocupantes. Es significativo que un 46% la población gitana adulta de Ingenio considere su salud como buena o muy buena, hecho que contrasta con el resto de la población gitana del espacio nacional, según la ESPG14 realizada en 2014, más del 65,3% la consideraban como tal en los últimos 12 meses (Ministerio de Sanidad, Servicios Sociales e Igualdad, 2014).

Así mismo, aún aumenta más la brecha respecto a la población no gitana del país, el 74.1% de la población declaró en la Encuesta Nacional de Salud 2017 (en adelante ENS17) que su salud era positiva. Por otro lado, si bien es cierto que el Pueblo Gitano que reside en Ingenio tiene garantizado el acceso a los Servicios Sanitarios del Municipio, sin embargo, la comunicación es calificada de falta comunicación y carente de aceptación (Consejería de Políticas Sociales y Accesibilidad del Cabildo de G.C., 2021, p. 133).

Dado los datos expuestos, no sorprende que las más de 143 mujeres gitanas ingéniense esté en una situación de vulnerabilidad. Los datos aportados de la investigación muestran que un 86% de las mujeres en edad y condiciones para trabajar están sin empleo. Así mismo, es significativo que sólo un 2% de ellas estén estudiando, siendo un 10% las que están trabajando, tanto como empleadas, en un 9%, y como empresarias, en un 2%.

Figura 52
Población gitana en el Ayuntamiento de la Villa de Ingenio

Nota. Elaboración propia, 2022.

El Pueblo Gitano que reside en Ingenio mantiene unas relaciones comunitarias basadas en la coexistencia, Si bien es cierto que tiene acceso a los múltiples recursos del municipio, la falta de comunicación es un común denominador en muchas ocasiones. Por lo que, los espacios comunitarios están ante el reto en el que la diversidad cultural deja de ser una mera coincidencia y, por el contrario, lo diversos sea capaz de tener una interacción armoniosa, donde la ciudadanía se reconozca, acepten lo divergente, incluso cuando se trata de lo opuesto (Giménez-Romero, 2003). Como indica la investigación realizada por la Consejería de Políticas Sociales y Accesibilidad del Cabildo de G.C.: "la interacción del Pueblo Gitano con los recursos comunitarios carece de una comunicación fluida" (2021, p. 80). Por lo que es imprescindible una apuesta por el diálogo, la interculturalidad y el reconocimiento de las diferencias para que la inclusión plena de las minorías deje de ser una utopía y sea una realidad.

Sin lugar a duda, para dar continuidad al trabajo realizado en 2018, en el que la población gitana ingéniense a dado un paso definitivo para su inclusión, es imprescindible contar con un proyecto en consonancia con el marco de referencia europeo y estatal de las recomendaciones y políticas dirigidas al Pueblo Gitano.

Cabe destacar que en 2018 por primera vez en la historia de la población gitana que reside en las Islas Canarias, se ha realizado un proyecto desde la

Metodologías Participativas, el "Diagnóstico Comunitario con la Población Gitana de Ingenio (Gran Canaria)". Trabajo que fue seleccionado por el Gobierno de España como representación de proyecto nacional de buenas prácticas a nivel europeo. De hecho, ha sido presentado en la Plataforma Europea para la Inclusión del Pueblo Gitano (EPRI), un foro participativo consultivo cuya 14ª edición se ha desarrollado en Bruselas durante las jornadas de este lunes y martes, 20 y 21 de septiembre de 2021. Una de las claves para la consecución de dichos logros se ha debido a que desde sus inicios la participación de la población gitana ha estado presente. El buen hacer permitió que los días 25 y 26 de octubre de 2022, La Villa de Ingenio ha estado presente en la 15ª Plataforma Europea para la Inclusión del Pueblo Gitano (EPRI) que se ha celebrado en Praga, República Checa, en representación de España como ejemplo de buenas prácticas. Esta Plataforma Europea tiene como objetivo estimular la cooperación y el intercambio de experiencias entre todas las partes interesadas relevantes para la igualdad, la inclusión y la participación del pueblo gitano en Europa.

Es menester recordar que el Diagnóstico Comunitario con la Población Gitana de Ingenio, efectuado en el 'Análisis de la Situación Socioeconómica del Pueblo Gitano Residente en el Municipio de Ingenio (Gran Canaria)' puesto en marcha en la villa a través del Cabildo de Gran Canaria en 2018, puso de manifiesto la necesidad de desarrollar un proceso de intervención comunitaria a través del cual se estimulara la participación ciudadana, poniendo en valor elementos que favorezcan la inclusión social del colectivo Romipen (Gitano). Este Diagnóstico, dado su nivel de participación y metodología, dio lugar a que Ingenio fuera seleccionado por el Ministerio de Derechos Sociales y Agenda 2030, concretamente por la Dirección General de Diversidad Familiar y Servicios Sociales, como buena práctica para acudir como representación estatal a la Plataforma Europea para la Inclusión de la Población Gitana, trasladándose hasta Praga la concejala de Servicios Sociales, Elena Suárez, junto al trabajador social y coordinador del diagnóstico, José Carmona y Patricia Bezunartea Barrio, directora general de Diversidad Familiar y Servicios Sociales.

Figura 53
Representación española en la 15ª Plataforma Europea para la Inclusión del Pueblo Gitano (EPRI)

Nota. Elaboración propia, 2023.

Sin lugar a duda, el municipio de Ingenio un referente a nivel nacional y europeo. A veces cuando estamos en territorio local no podemos evaluar lo mucho o poco que hemos avanzado. Pero cuando dialogas y compartes con el resto la situación que el pueblo gitano está viviendo en Europa, me quedo con la gratificación de lo mucho que ha avanzado el pueblo gitano en Canarias y, en concreto, en la Villa de Ingenio.

La población Gitana que reside en Lanzarote

En la isla de Lanzarote, concretamente en el municipio de Arrecife, también hay familias gitanas residiendo. Las primeras familias aparecieron a principio de los años sesenta del siglo pasado. Los primeros años se dedicaron a la venta de ropa ambulante, pero dada la aceptación que tenían, fueron de las primeras en poner tiendas de ropa. A partir de mediados de los años ochenta, se suman otras familias, las cuales, provenían tanto de la Península Ibérica, así como de Argentina (Salinas, 2016) atraídas por la prosperidad de dicha isla. Si Lanzarote es clave para el turismo, ya que se trata de una isla en la que la naturaleza y el arte van de la mano, se le suma que cuenta con uno de los mercadillos más importante del archipiélago canario, la Villa de Teguise, el que se convirtió en una fuente de trabajo para las familias gitanas.

A finales de los años los noventa las nuevas generaciones optaron por trabajar por cuenta ajena, ya que las demandas del tercer sector y la construcción ofrecían un modelo económico más estables y rentable. Desde inicio del siglo XXI, las familias gitanas se han adaptado a las nuevas situaciones, siendo la isla que cuenta con más personas universitarias, profesionales, técnico, comerciantes. A su vez, se ha creado una red de mercadillos, los cuales han permitido mayor versatilidad para las familias gitanas, a modo que, en un mismo hogar, se da el trabajo por cuenta ajena, así como el por cuenta propia (Cruz, 2019; Vargas, 2009).

La población Gitana que reside en la isla de Tenerife

A principios del siglo XX, Tenerife era destino para cumplir el Servicio Militar obligatorio de muchas personas de la Provincia de Málaga, lo que incluía a Melilla, ya que aún no era ciudad autónoma. En aquellos días algunas jóvenes de grupo familiar de Málaga-Melilla fueron destinados al cuartel que está ubicado en el barrio del Becerril, llamado más tarde, barrio la Candelaria. Sin embargo, las primeras familias gitana llegaron a Tenerife a finales de los años cuarenta y principios de los cincuenta del siglo XX. Siendo del mismo grupo familiar, por un lado, aparecieron las que lo hacían para trabajar que estaban residiendo en Gran Canaria, a las que se le sumaron las familias que llegaron directamente llegaron desde Málaga. El primer lugar de residencia fue la capital, Santa Cruz de Tenerife, pero la venta ambulante se desarrollaba en toda la isla. La Isla de Tenerife era una tierra donde ser gitano no era motivo de discriminación. Por lo que, era fácil ver a aquellas "jarandinas" (andarinas), como llamaban las vecinas a aquellas gitanas y gitanos que recorrían a pie las calles y barrio vendiendo con sus bultos cargado de ropa.

A finales de los años cincuenta gitanos de muchas partes de la Península Ibérica huían del hambre y la masería encontrando en Tenerife una "isla afortunada". Por motivos de trabajo, algunas familias se desplazaron hacía el norte residiendo en Tacoronte, concretamente en los Naranjeros y la Victoria, ya que en la Orotova había lugar donde emplear. Así mismo, otras familias se fueron al sur de la isla, al municipio de Granadilla, concretamente al Charco del Pino, tiempo más tarde, se sumarían las que se establecieron en Guía de Isora y los Cristianos. Durante las dos primeras décadas las familias gitanas desarrollaron la venta ambulante de ropa. Cabe destacar, que las familias gitanas formaron parte de los promotores del mercadillo de la Recova de Santa Cruz. Incluso, en uno de los patios del mercado se puede apreciar la foto de Juan

Maldonado Carmona vendiendo ropa, uno de los fundadores.

Como indica González-Martínez (1996), entre los años 1930 al 1960, más de 4.500.000 españoles emigraron con el objetivo "hacer la América", siendo las Islas Canarias claves en aquellos viajes. Por lo que, aquellas familias gitanas que ya habían dado el salto de cruzar una parte del Atlántico, las noticias reportadas de las familias canarias que llegaban suscitaron el interés de aquellos "jarandinos", que estaban dispuesto a salir de la zona de confort si se traba de la posibilidad de mejorar la calidad de vida de sus familias. Por lo que se animaron a viajar a Latinoamérica. De ahí buena parte de los gitanos que residían en Tenerife viajaran a Argentina. A finales de los años sesenta, la población gitana que residía en la isla de Tenerife se vio diezmada, ya que muchas de ellas decidieron probar suerte en Sudamérica. No obstante, los vínculos con la isla no se contaron, ya que el país de Argentina no era un lugar donde residir definitivamente. En el pensamiento de las familias gitanas España era su país y las islas Canarias en mejor lugar para vivir (Heredia-Carmona, 2016; Juntos en la misma dirección, 2018; Salinas, 2016).

A finales de los años setenta, el "boom turístico" de las Islas ya estaba más que consolidado. El aumento del nivel de vida de las familias de Europa occidental permitió el acceso de amplias capas de la sociedad a los viajes internacionales, gracias a la expansión de los vuelos chárter. Por lo que, las familias gitanas, también en Tenerife se sumaron a la venta al turismo. Por un lado, aquellas familias que vivían en el norte de la isla encontraron en el Puerto de la Cruz un nicho de mercado no explotado con la venta de mantelería. A modo que, en la década de los ochenta, el municipio portuense se convirtió en uno de los municipios con más presencia de familias gitanas de la isla. A su vez, la zona sur comenzó su desarrollo como la parte de la isla más orientada al turismo. Por lo que, en la Playa de las Américas, las familias gitanas comenzaron a desarrollar la venta de mantelería con los turistas. Si bien fueron años de prosperidad para toda la ciudadanía de la isla, las familias gitanas estaban en pleno desarrollo en las actividades comerciales, por lo que la prosperidad se hizo notar, años en los que se consolidan la compra de viviendas, entre otras cosas (Fundación de Canaria Archipiélago 2021, 2020; Juntos en la misma dirección, 2018).

Figura 54

Representación de población gitana en el Ayto. de La Laguna y en el Cabildo de Tenerife.

Nota. Elaboración propia, 2023.

Entre los ochenta y los noventa se incrementa el número de familias gitanas que llegan a Tenerife fundamentalmente, de la ciudad de Rosario (Argentina), debido a la situación socioeconómica que se vive en el país de Sudamérica. Siendo el lugar de residencia el municipio de La Laguna, en el barrio la Candelaria, principalmente. El retorno a la isla coincide con los años de auge económico. Ya que, en esa época la economía canaria experimenta grandes avances, apoyado siempre en el sector de los servicios, y dentro de él, el turismo. Por lo que, la isla de Tenerife se convirtió en el lugar apropiado para que aquellos calós pudiesen desarrollar sus actividades comerciales, principalmente, la venta ambulante de ropa, así como en mercadillos. Lo que supuso un avance para la integración de las familias gitanas, ya que, en sociedades basadas en el consumo, la capacidad de producir economía es clave para la integración.

A finales del siglo XX, las familias gitanas disfrutaban de una estabilidad económica de manera general, los ingresos para vivir en inclusión económica estaban más que asegurado, de hecho, muchas familias dieron el salto de calidad al montar pequeñas empresas de ropa y calzado. Sin embargo, con la crisis inmobiliaria, muchas de esas familias se vieron evocadas a la ruina, perdiendo negocios y viviendas, por lo que se abre la posibilidad de trabajar por cuenta ajena. Lo que ha supuesto un retroceso en la calidad de vida, ya que, la falta de formación condiciona la empleabilidad los gitanos y gitanas.

Para conseguir trabajo, muchas familias que residían en La Laguna han cambiado la residencia a la zona sur, ya que en el sector del servicio cuentan con más posibilidades de trabajar. Tras más de seis décadas en la isla, las familias gitanas están desaminadas por muchas partes de la isla: en Santa Cruz (Los Gladiolos y Añaza), en La Laguna (La Cuesta, Higuerita y Taco), Granadilla (San Isidro) y en Arona (el Fraile, Cabo Blanco), siendo en menor media en Güímar Guía de Isora y los Realejos (Juntos en la misma dirección, 2018; Salinas, 2016, Trujillo, 2020).

Demografía de Familias gitanas que residen las Islas Canarias

En la isla de Gran Canaria la mayor concentración de familias gitanas son los municipios de Ingenio y San Bartolomé de Tirajana, ambos con unas 120 a 130 viviendas y unas 300 a 400 personas. Seguido por Las Palmas con unas 70 a 80 viviendas y unas 150 a 200 personas. Contando a su vez con municipios como Jinámar y Telde con pocas familias residiendo. Por lo que las cifras estarían entre 300 a 310 hogares gitanos y entre unas 800 a 1000 personas de etnia gitana (Ayuntamiento de Ingenio, 2020; Ministerio de Sanidad. Servicios Sociales e Igualdad, 2018).

En relación con la población gitana de Lanzarote, las cifras son más baja, contando con cifras que rondan entre las 90 a 120 familias gitanas, las cuales residen en el municipio de Arrecife. Lo que supone de 300 a 400 personas de etnia gitana (Lancelot-Digital, 2020).

En la isla de Santa Cruz de Tenerife son cinco los municipios en los que residen las familias gitanas mayormente. En la capital de la isla hay 69 viviendas y con unas 400 a 500 personas. Sin embargo, en San Cristóbal de La Laguna, es donde más familias residen, unos 76 hogares gitanos y unas 500 a 600 personas. Los municipios de la zona sur cuentan con 57 viviendas y 250 a 300 personas en Granadilla de Abona y en Arona 42 viviendas y 350 a 400 personas. Lo que supone un total de 259 familias y 1200 a 1400 personas aproximadamente.

Figura 55
Distribución de la población gitana en la isla de Gran Canaria.

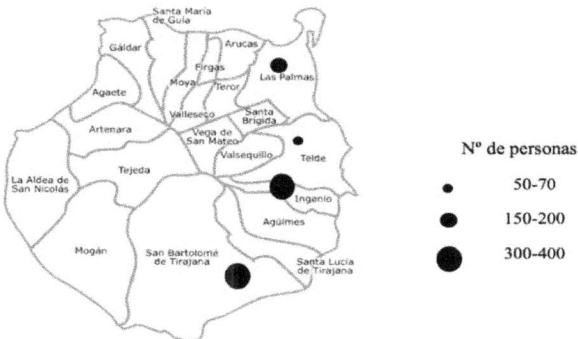

Nota. Adaptado de Los Modelos Parentales del Pueblo Gitano en Canarias y su impacto en el éxito educativo, por J. Carmona-Santiago, 2021 (https:// riull.ull.es/xmlui/handle/915/28281).

Figura 56

Distribución de la población gitana en la isla de Tenerife.

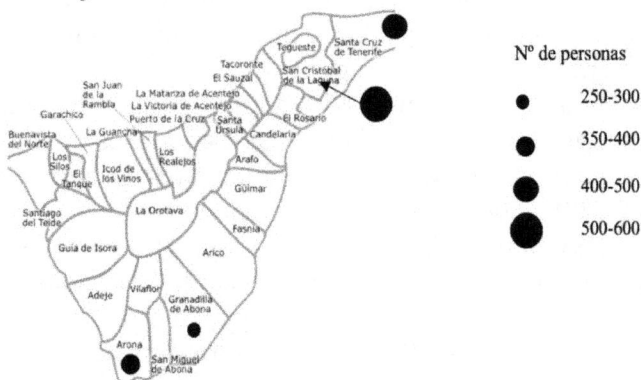

Nota. Adaptado de Los Modelos Parentales del Pueblo Gitano en Canarias y su impacto en el éxito educativo, por J. Carmona-Santiago, 2021 (https:// riull.ull.es/xmlui/handle/915/28281).

Capítulo 13

El éxito educativo del alumnado del Pueblo Gitano en Canarias

No reparéis en que soy moreno porque el sol me miró. Que me parieron de carne y hueso, nací varón.

Soy de mi tierra y mía es ella

Y si me apuran soy extranjero, como lo somos todos.

Antonio Remache

1ª Tesis doctoral realizada en las Islas Canarias acerca del Pueblo Gitano

En octubre del 2021, el archipiélago canario contaba con el primer gitano en ser investido doctor en Canarias. José Carmona Santiago, graduado en Trabajo Social, ha trabajado bajo la dirección de María José Rodrigo López y María Luisa Máiquez Chávez, ambas catedrática emérita y profesora del Departamento de Psicología Evolutiva y de la Educación, y Marta García Ruiz, docente del Área de Trabajo Social y Servicios Sociales, sus tres directoras de tesis, guías y apoyos durante cinco años de investigación.

A continuación, se expondrá las principales conclusiones de esta Tesis Doctoral, "Los modelos parentales del Pueblo Gitano en Canarias y su impacto en el éxito educativo" (Carmona, 2021, p.190-192):

1.   Las familias de etnia gitana residentes en las Islas Canarias cuentan con un mayor nivel de integración social, no sufren el estigma de la exclusión y marginación social comparada tanto con la población gitana que reside en España, así como en el resto de Europa.

2.   La mejora de la integración social de las familias y la inclusión escolar del alumnado gitano exige tener en cuenta el impacto del funcionamiento del microsistema familiar y escolar y la naturaleza de las relaciones entre ambos en el mesosistema,

además de los factores que provienen del macrosistema.

3.   Las familias de etnia gitana muestran un alto nivel de cohesión familiar que es una estrategia adaptativa con la que se ha garantizado la pervivencia de su linaje, pero deben mejorar su nivel flexibilidad ya que las estructuras familiares rígidas influyen negativamente sobre la resiliencia de las figuras parentales.

4.   Las familias de etnia gitana de Canarias viven en vecindarios con desigualdades sociales debido a su baja formación, el empleo precario y los escasos apoyos formales recabados en los barrios en que viven, aunque estén dotados de recursos, lo que influye negativamente en la resiliencia de las figuras parentales.

5.   Las familias de etnia gitana presentan fortalezas y potencialidades que, junto con el uso de los apoyos comunitarios apropiados, garantizan una resiliencia normalizadora en la que sigan preservando aquellos valores familiares que permitieron su supervivencia en tiempos difíciles.

6.   Las familias de etnia gitana de Canarias han superado los prejuicios hacia el sistema educativo, tienen una percepción positiva de la formación académica de sus hijos/as y no perciben ningún tipo de discriminación en la escuela con lo que están en buena disposición para avanzar hacia el éxito escolar de sus hijos/as.

7.   Las Islas Canarias cuentan con un grupo de familias gitanas referentes, capaces de tener coherencia entre sus deseos, expectativas, celebraciones y prioridades que están dando pasos decididos para el éxito escolar de sus hijos/as cuyo ejemplo señala los pasos a seguir con el resto de las familias.

8.   Tanto las figuras parentales, así como el profesorado consideran que la participación de las familias en el centro educativo es mínima por lo que es necesario reforzar la colaboración familia-escuela para que el buen ambiente de inclusión creado se plasme en acciones concretas que superen esta situación.

9.   El nivel de competencias sociales en el alumnado gitano es bueno y equiparable al del resto del alumnado y está asociado a no tener comportamientos inadecuados en la escuela y a un mayor nivel de apoyo familiar en las tareas escolares y de colaboración de la familia con la escuela.

10.   En el alumnado de población gitana que cuenta con apoyo familiar necesario para realizar las tareas educativas y que asisten a clase con normalidad, su rendimiento escolar alcanza un valor medio comparable a la del resto de alumnado de su clase.

Personas referentes del Pueblo Gitano de las Islas Canarias

Casi un siglo después que las familias gitanas fijasen su residencia en las Islas Canarias en busca de una mejor vida. Además de contar con una mejora de sus condiciones económicas, las islas cuentan con familias gitanas que han logrado superar los prejuicios hacia el sistema educativo. Además, tienen una percepción positiva de la formación académica de sus hijos/as. A lo que se le suma que no perciben ningún tipo de discriminación en la escuela y han contado con un profesorado que ha sacado lo mejor de cada adolescente, como resultado ha sido el avance hacia el éxito escolar de sus hijos.

Seguidamente se expondrá las personas gitanas que son referentes del Pueblo Gitano de Canarias.

Zaira Carmona Santiago

	- Grado en Psicología con la especialidad de Clínica por la UNED. - Técnico Superior en Diagnóstico y Medicina Nuclear. - Actualmente cursa el Máster de Psicología General Sanitario en la Universidad europea de Canarias.

266

José Heredia Cortés

	- Grado en Enfermería en la Universidad de Las Palmas de Gran Canaria. - Máster en Urgencias. Emergencias y Pacientes Críticos Por la Universidad Europea de Canarias.

Thalía Gómez Heredia

	- Thalía ha obtenido el Grado de Derecho en la Universidad de La PGC. - Actualmente es opositora del Cuerpo Judicial de Gestión Procesal y Administrativo

Moisés Heredia Molina

	- Grado en Psicología con la especialidad de Clínica por la UNED. - Técnico Superior en Diagnóstico y Medicina Nuclear. - Actualmente cursa el Máster de Psicología General Sanitario en la Universidad europea de Canarias.

María Heredia Heredia

<table>
<tr>
<td></td>
<td>
- Licenciada en Historia en la Universidad de Las Palmas de Gran Canaria.
- Máster en Gestión Cultural.
- Doctoranda en Historia.
</td>
</tr>
</table>

Alba Carmona Gómez

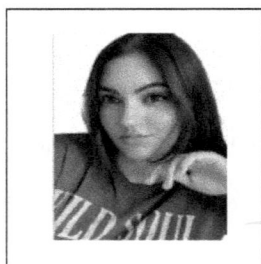

<table>
<tr>
<td></td>
<td>
-Grado en Enfermería por la Universidad Fernando Pessoa Canarias.
-Máster en Quirófano Avanzado en Enfermería.
-Exporto en Enfermería Anestesia y Sutura Intraoperatoria.
</td>
</tr>
</table>

Antonio Carmona Heredia

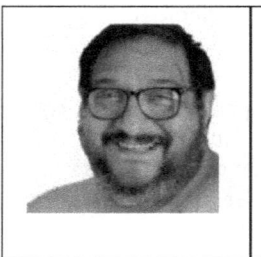

<table>
<tr>
<td></td>
<td>
Licenciado en Teología (Univ. Evangélica Nicaragüense)
Lic. En Teología por el CEIBI
Dr. En Divinidades por el Seminario Teológico Dr. W. Hoover
Grado en Teología por la Facultad de Burgos
</td>
</tr>
</table>

Soledad Santiago Carmona

	- Grado en Psicología con la especialidad de Clínica por la UNED - Técnico Superior en Diagnóstico y Medicina Nuclear. - Actualmente cursa el Máster de Psicología General Sanitario en la Universidad europea de Canarias.

Noemi Cádiz Santiago

	- Grado en Trabajo Social por la ULPGC. - Máster Oficial de Musicoterapia. - Técnico de Tiempo Libre. - Técnico Auxiliar Educativo. - Actualmente ejerce en el Hospital General de Lanzarote.

Carmen Heredia Heredia

	- Licenciada en Historia Universidad de Las Palmas de Gran Canaria. - Máster en Gestión Cultural. - Doctoranda en Historia.

Dámaris Cádiz Santiago

	Tras haber superado la Prueba de Acceso Para Mayores de 25 años, ha realizado el Grado en Enfermería por la Universidad de Las Palmas de Gran Canarias. Actualmente, ejerce en el Hospital General Dr. José Molina Orosa.

Josefa Núñez Núñez

	- Josefa ha realizado el Ciclo Superior de Administración. - Grado Administración y Dirección de Empresa en la Universidad de La Laguna.

Diego Santiago Carmona

	- Grado en Derecho por la UNED. - Máster Ejercicio de Abogacía UNIR. - Actualmente cursa el Máster en Asesoría Fiscal y el Grado en Ciencias Jurídicas de la Administración.

José Carmona Maldonado

	- José ha obtenido el título de Diplomado en Teología por la Facultad Teológica Reformada. - Actualmente curso el Grado en Teología.

África Santiago Vargas

	África recientemente se ha graduado en el Grado Medio en Gestión y Administración.

Pepi Gómez Carmona

	- Tras superar la ESO ha realizado la Certificación Curso de Ortodoncia. - Además, ha hecho el Ciclo Superior que la habilita como Técnico Superior de Higiene Bucodental, Escuela Dental Canarias.

Daniel Heredia Molina

	- Dani ha realizado con éxito el Bachillerato en Humanidades y Ciencias Sociales. - Ha realizado el Ciclo Superior de Técnico de Programación. - Actualmente, trabaja de su profesión.

Sebastián Vargas Vargas

	- Sebastián ha obtenido el título de Diplomado en Teología por la Facultad Teológica Reformada. - Actualmente curso el Grado en Teología.

María Fariña Heredia

	María tras haber realizado el Ciclo Superior en Integración Social, en la actualidad es estudiante del Grado en Trabajo Social en la ULPGC.

Antonio Carmona Romero

	- Antonio, tras superar el Bachillerato y el examen de la EBAU. - En la actualidad es estudiante del Grado en Derecho en la ULL.

Nayara Maldonado Segura

	Tras superar el Bachillerato y el examen de la EBAU. En la actualidad es estudiante del Grado en Educación.

Samara Núñez Núñez

	Tras finalizar el bachillerato, ha cursado con éxito el Ciclo de Grado Superior en Gestión Administrativa.

Fermín Fernández Heredia

	Fermín ha finalizado con éxito el Ciclo de Grado Medio en Gestión Administrativa. Actualmente trabaja en una gestoría de su localidad.

273

María Núñez Núñez

	María tras superar el Bachillerato ha realizado un Ciclo Superior que la habilita como Técnico Superior en Educación Infantil de 0-6 años.

Juana Cortés Carmona

	Juana tras terminar la ESO ha realizado un Ciclo de Grado Medio en Auxiliar Administrativo. Actualmente está matriculada en el Ciclo Superior de Marketing y Publicidad.

Sara Cortés Núñez

	- Sara ha finalizado con éxito el Bachillerato. - Posteriormente ha realizado el Ciclo Superior en Técnico de Farmacia-Parafarmacia.

Sara Santiago Maldonado

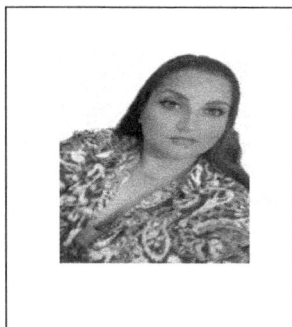

	- Sara ha finalizado con éxito la ESO, lo que le ha permitido hacer el Ciclo de Grado Medio en Gestión Administrativa. - Actualmente, cursa el Técnico Superior en Imagen para el Diagnóstico y Medicina Nuclear.

Tomás Moreno Suárez

	- Tras superar el bachillerato ha realizado un F.P.II Técnico Superior en Admón. contable. - Gracias a su formación ha desarrollado una vida activa como profesional - Actualmente dirige su propia empresa.

Francisco S.V.

	Francisco realizó el Bachillerato. Tras su experiencia como empleado, decidió preparase para convertirse en Policía Nacional. Un lujo que las fuerzas del Estado cuenten con un gitano-español.

Luisa Vargas Rodríguez

	- Luisa ha logrado ser Diseñadora de Moda y Manipulación de Textiles por la Universidad West London. - Además, ha obtenido una Licenciatura en Arte con honores en la mima universidad.

Juan Carmona Salazar

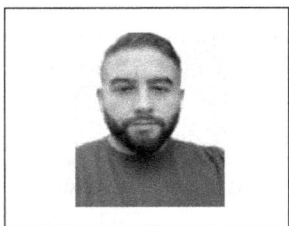	- Juan aprobó la Prueba de Acceso Para Mayores de 25 años. - Actualmente está terminando su 2º año del Grado en Derecho en la ULPGC.

Antonio Abel Vargas Vargas

	- Graduado de la Universidad de Middlesex, Londres, Reino Unido en Enfermería Infantil. - Actualmente ejerce en Evelina London Children's Hospital.

Tras lo expuesto, es patente que en las familias del Pueblo Gitano en Canarias no existen indicadores de marginalidad, están perfectamente integradas y viven en viviendas de alquiler, de propiedad o de protección oficial. En general, puede decirse que viven muy bien. No obstante, la ausencia de marginalidad en la comunidad gitana canaria no implica que todo sea miel sobre hojuelas. En el archipiélago también hay dificultades y clichés extendidos que siguen asociándose a la comunidad gitana, menos que en el resto del territorio español, pero los hay. Es obvio que la imagen estereotipada del Pueblo Gitano se ha fraguado hace más de quinientos años. Por lo que, no se tumba de un día para otro el mito del gitano vagabundo y maleante que responde mucho más al imaginario popular que a la realidad. Una composición en la que Cervantes, el gran genio de la literatura española, ha tenido mucho que ver. La Gitanilla (1976) es una buena muestra de ello.

Y no solo hablamos de Cervantes, hay más: Sir Arthur Conan Doyle, Ramón J. Sender o el Duque de Rivas cuentan historias vertiendo prejuicios contra las minorías que golpean de lleno a la etnia gitana, al describirlas como gente que roba, que rapta niños, que hace la trampa todo el tiempo. Gente discriminada. Un lado oscuro y prejuicioso que la literatura se encarga de difundir. Sin duda, el antigitanismo como una de sus expresiones más agudas sigue amenazando. Por lo que, es imprescindible contar con estrategias que trascienda de las diferencias y se centre en lo que vale, la inclusión del Pueblo Gitano-Canario. Canarias es gitana; por el contrario, no será Canarias. ¡Opre Roma! ¡Opre Canaria

Referencias

Agüero, S., & Jiménez, N. (2020). *Resistencias gitanas.* Editorial Libros.com. https://books.google.es/books?id=cl8OEAAAQBA J

Agüero-Fernández, S. (2018). *In the Ghetto.* https://www.pikaramagazine.com/2018/10/guetos-barrios-gitanos/

Albin, D. (2017, August 24). *Racismo franquista: la dictadura ordenó "despiojar" a gitanos.* Público.

Alejandro Luque. (29 de febrero 2023). *Helios Gómez, el creador gitano que visitó Rusia... y contó solo lo bueno.* https://www. eldiario.es/andalucia/lacajanegra/libros/helios-gomez-creador-gitano-visito-rusia-conto-bueno_1_9856028.html

Alfaro, A. G. (2006). *El 24 de mayo: Una fecha idónea para convertirla en el Día del Gitano Madrileño.* Gitanos: Pensamiento y Cultura, 36, 50–54.

Alfaro, A. G. (2014). La verdadera historia de los gitanos de Madrid (y II). *O Tchatchipen: Lil Ada Trin Tchona Rodipen Romani= Revista Trimestral de Investigación Gitana,* 88, 18–30.

Anne Frank House. (1948). *La fundación del Estado de Israel.* https://www.annefrank.org/es/timeline/183/la-fundacion-del-estado-de-israel/#:~:text=El 14 de mayo de,a los judíos en Europa.

Aparicio-Gervás, J. M. A. (2006). Breve recopilación sobre la historia del Pueblo Gitano: desde su salida del Punjab, hasta la Constitución Española de 1978. Veinte hitos sobre la" otra" historia de España. RIFOP: *Revista Interuniversitaria de Formación Del Profesorado: Continuación de La Antigua Revista de Escuelas Normales*, 55, 141–162.

Asociación de enseñantes con gitanos. (2019, August). *La mujer gitana y el franquismo*. chrome-extension://efaidnbmnnnibpcajpcglclefindmkaj/htt ps://www.aecgit.org/downloads/documentos/149/la -mujer-gitana-en-el-franquismo-virgina-r.pdf

Ayuntamiento de San Adrián de Besós. (2022). *Anuario de Población del ayuntamiento de San Adrián de Besós*. https://www. sant-adria.cat/sant-adria-per-temes/padro-municipal-dhabitants/documents/AnuariPoblaci2022.pdf

Baxtalo Blog (2014). *16 de mayo día de la resistencia romaní*. https://baxtalo.wordpress.com/2014/05/16/16-de-mayo-dia-dela-resistencia-romani/

Bíblias-Sefarad. (2012). *Glosario provisto por la Biblioteca Nacional de España*. BNE. https://www.bne.es/es/Micrositios/Exposiciones/Bi blias/Glosario/S/

Blázquez Ruiz, F. J. (2015). Eugenesia nazi y genocidio gitano. Reflexiones biojurídicas. O *Tchatchipen: Lil Ada Trin Tchona Rodipen*

Romani/Revista Trimestral de Investigación Gitana (92), 47-55.

Bohórquez, M. (2012). *Desvelando el misterio de Tomás el Nitri*. El Correo de Andalucía.

Buezas, T. C. (1989). *Los racistas son los otros: gitanos, minorías y derechos humanos en los textos escolares (Vol. 246)*. Editorial popular.

Carmona-Heredia, 2021. *Libertad para los olvidades*. Editorial Mundo Bíblico.

Carmona-Santiago, J., García Ruiz, M., Máiquez Chaves, M. L., & Rodrigo López, M. J. (2021). Colaboración entre familia y escuela y su relación con las competencias sociales y académicas del alumnado de etnia gitana de Canarias. *Revista de Educación*.

Carmona-Santiago, J. (2021). *Los modelos parentales del pueblo gitano en canarias y su impacto en el éxito escolar*. Universidad de La Laguna.

Carmona-Santiago, J. C., Ruíz, M. G., Chávez, M. L. M., & López, M. J. R. (2021). Las expectativas y metas de las familias gitanas en Canarias hacia el éxito escolar. *Revista de Investigación Educativa,* 39(1), 71–89.

Carmona-Santiago, J. (2021). *Los modelos parentales del pueblo gitano en canarias y su impacto en el éxito escolar* [Universidad de La Laguna].
https://riull.ull.es/xmlui/handle/915/28281

Carmona-Santiago, J., & Ruiz, M. G. (2022). Diagnóstico Comunitario con la Población Gitana de Ingenio, Gran Canaria. *International Journal of Roma Studies*, 118–149.

Caro-Maya, P. (2016). *Resistencia romaní: no olvidamos.* Pikara Magazine. https://www.pikaramagazine.com/2016/05/resisten cia-romani/

Carrero, F. J. G. (2013). Guardia Civil y Estado centralista en Extremadura (1844-1854). *Revista de Estudios Extremeños,* 69(1), 383–406.

Casado, J. M. (1969). Los gitanos de España bajo Carlos I. Chronica Nova: *Revista de Historia Moderna de La Universidad de Granada,* 4, 181–198.

Castilla, A. (2014). *Exiliados de Triana.* El País.

Cerreruela, E., Crespo, I., Jiménez, R., Lalueza, J. L., Pallí, C., & Santiago, R. (2001). *Hechos gitanales: conversaciones con tres gitanos de Sant Roc.* Univ. Autònoma de Barcelona.

Civitatis Torus SL. (n.d.). *Miembros de La Resistencia, Intelectuales, Homosexuales, Gitanos y Judíos.* https://www.cracovia. net/campo-concentracion-auschwitz

Cizmich, S. (2017). *Día de la Resistencia Romaní, Insurrección del 16 de mayo de 1944.* http://www.eldesvandelmuseo.com/ dia-de-la-resistencia-romani-insurreccion-del-16-de-mayode-1944/

Comunità di Sant'Egidio. (2023). 2 de agosto: *Día de recuerdo del Porrajmós, el exterminio de los gitanos en Auschwitz.* https://www.santegidio.org/pageID/30284/langID/es/itemID/49561/2-de-agosto-Día-de-recuerdo-del-Porrajmós-el-exterminio-de-los-gitanos-en-Auschwitz.html

Corbí, H. (2021). El racismo antigitano. *Claves de Razón Práctica*, 275, 50–59.

Courthiade, M. (2001). El origen del pueblo rom: realidad y leyenda. *O Tchatchipen: Lil Ada Trin Tchona Rodipen Romani= Revista Trimestral de Investigación Gitana,* 33, 10–19.

Courthiade, M. (n.d.). *El origen del Pueblo Rom: realidad y Leyenda.* https://baxtalo.wordpress.com/el-origen-del-pueblo-romrealidad-y-leyenda/

Elorza, A. (2019). Segregación residencial y estigmatización territorial. Representaciones y prácticas de los habitantes de territorios segregados. *EURE (Santiago)*, 45(135), 91–110.

Enciclopedia del Holocausto. (2022, May 13). *Las leyes de Nuremberg.* United States Holocausto Memoral Museum. https://encyclopedia.ushmm.org/content/es/article/the-nuremberg-race-laws

Enguita, M. F. (1995). Escuela y etnicidad: el caso de los gitanos. AA. VV., V*olver a Pensar La*

Educación: Política, Educación y Sociedad, 1, 281–293.

Estebanez-Calderon, S. (1847). *Escenas Andaluzas, bizarrias de la tierra... que... ha dado a la estampa el Solitario, nuevamente ahora reducidos a un cuerpo (etc.).* Baltasar Gonzalez.

Federación de Peñas de Málaga. (2017). *El flamenco y sus palos.* https://www.federacion-pfmalaga.org/diccionario-flamenco-federacion/

Fernández Enguita, M. (1999). *Alumnos gitanos en la escuela paya:*

un estudio sobre las relaciones étnicas en el sistema educativo. Ariel Practicum, Barcelona.

Fernández, D., Padilla, E., & Heredia, M. (2009). *El pueblo gitano en la Guerra Civil y la posguerra. Andalucía Oriental.* Granada: Romi.

Fernandez, J. (n.d.). *Flamenco y cante jondo.* Hispanoteca.

Fernández, Tomas y Tamaro, E. (2004). Biografia de Marqués de la Ensenada. En Biografías y Vidas. La Enciclopedia Biográfica En Línea [Internet].

Fernández, Tomás; Tamaro, E. (2022). B*iografia de Francisco Ortega Vargas [El Fillo].*

Fernández-Fígares, D. (2022). L*os Gitanos, pueblo y cultura. Un largo viaje desde la India.*

Figueras, A. (23 de febrero de 2023). *Gitanos, los olvidados del Holocausto. El Mundo.*

https://www.elmundo.es/elmundo/2013/01/24/inter nacional/1359030574.html

Fings, K. (2019). S*inti und Roma: Geschichte einer Minderheit* (Vol. 2707). CH Beck.

Fundación Secretariado Gitano. (2020). *Comunidad Gitana.*

Galleti, P. (2020). De itinerancias y guetos: Trayectorias gitanas de segregación socio-espacial en España. *Papeles de Trabajo*, 14(26).

García, R. A. (2005). Los gitanos en los campos de la muerte nazis. *O Tchatchipen: Lil Ada Trin Tchona Rodipen Romani= Revista Trimestral de Investigación Gitana*, 52, 7–16.

Generalitat de Catalunya. (2018). *Plan integral del pueblo gitano en Cataluña 2017-2020* (Generalitat de Catalunya (ed.)). https:// participa.gencat.cat/uploads/decidim/attachment/fil e/1206/

Plan_Integral_Pueblo_Gitano_17-20_Digital.pdf

Golmayo, P. B. (1885). *Instituciones del derecho canónico (Vol. 1)*. Sanchez.

Gómez-Alfaro, A. (2000). Gitanos: la historia de un pueblo que no escribió su propia historia. Los Marginados En El Mundo Medieval y Moderno: Almería, 5 a 7 de noviembre de 1998, 79–88.

Gómez-Alfaro, A. (1991). *La reducción de los niños gitanos*. Historia de La Educación, 10.

Grande, F. (1999). *Memoria del flamenco* (Vol. 1001). Anaya-Spain.

Heredia-Carmona, J. (2016). Con nombre propio. Servicio de Publicaciones de Ciudad Autónoma de Melilla.

Hernández, R. (2015, April 27). *27 abril: la historia de los gitanos de Navarra.* https://rikardohj.wordpress.com/2015/04/27/27abri l-la-historia-de-los-gitanos-de-navarra/

Hernández-Sobrino, A. (2017). *Persecución de los gitanos españoles en el siglo XVIII.*

Hidalgo, F. (2014). *Carmen Amaya*: la biografía. Primento.

Huttenbach, H. R. (1991). The Romani Pořajmos: The Nazi Genocide of Europe's Gypsies. *Nationalities Papers,* 19(3), 373–394.

Infante, B. (2022). *Orígenes de lo flamenco y secreto del cante jondo.* Editorial Almuzara.

Jabois, N. (2015). *El flamenco encuentra su duende en la India, tierra de los gitanos.*

Jaramillo Gómez, M. (2016). *La vivienda en la Barcelona del desarrollismo: del barraquismo a los polígonos de vivienda.* Universitat de Barcelona.

Jiménez, J. (2019). *La gran redada de los 9.000 gitanos.* El Mundo.

https://www.elmundo.es/cronica/2019/07/30/5d3ad 310fc6c83b90e8b46c0.html

Jiménez, M. R. (1978). *España 1939-1975:(régimen político e ideología) (Vol. 249).* Guadarrama.

Jiménez, N., & Agüero, S. (2019). 75 años del Samudaripen, el genocidio antigitano en Europa. *O Tchatchipen: Lil Ada Trin Tchona Rodipen Romani= Revista Trimestral de Investigación Gitana,* 108, 4–9.

La Barcelona de antes. (n.d.). *Barrio de Somorrostro.* La Barcelona de Antes. Retrieved May 21, 2023, from http://labarcelonadeantes.com/somorrostro.html

La Comuna. (2012). *La Ley de Peligrosidad Social y la represión franquista.* La Comuna Asociación de Presxs y Represaliadxs Por La Dictadura Franquista.

La Otra Andalucía. (2020). *Gran Redada contra el pueblo gitano. 2020.*

Lagunas, D. (1999). Víctimas y redentores: la reciprocidad absurda entre los gitanos y el poder. *Cuadernos de Etnología y Etnografía de Navarra,* 31(73), 259–268.

Lagunas, D. (2006). *El Buen Gitano. Imaginarios, poder y resistencia en la periferia de la Gran Barcelona.* Quaderns-e de l'Institut Català d'Antropologia.

Leblon, B. (2003). *Gypsies and flamenco: the emergence of the art of flamenco in Andalusia (Vol. 6).* Univ of Hertfordshire Press.

Leblon, B. (1997). *Los gitanos de España.* Barcelona: Editorial Gedisa.

López, D. J. G., & Ortiz, P. J. C. (2009). La represión silenciosa del pueblo olvidado: gitanos bajo el franquismo. *Derecho, Memoria Histórica y Dictaduras*, 367–396.

López-Acosta, L. (2019). *Investigación en corrales de vecinos enTriana* [Universidad de Sevilla]. https://hdl.handle. net/11441/90903

López-Mirabet, V. (2016). *Historia y memoria: un recorrido por la Barcelona de las barracas* [Universitat Pompeu Fabra Barcelona]. Historia y memoria Un recorrido por la Barcelona de las barracas

López-Muñoz, F., & Pérez, F. (21 C.E., April 12). *¿Por qué Josef Mengele es el criminal de guerra nazi más conocido?* Asociacion The Concersation España. https://theconversation.com/ por-que-josef-mengele-es-el-criminal-de-guerra-nazi-mas-conocido-158723

Lozano, Á. (2020). *El Holocausto y la cultura de masas.* Melusina.

Madridejos, M. (2012). Carmen Amaya, star de Hollywood. Revista de Investigación Sobre Flamenco" La Madrugá", 6.

Maestre, A. (2013, November 24). *Campos de concentración para vagos y maleantes en España.* La Marea.

Martín, D. (2005). Gitanos en la guerra civil española. *I Tchatchipen*, 51, 27–36.

Martínez Martínez, M. (2004). *Los gitanos en el reinado de Felipe II (1556-1598)*. El fracaso de una integración.

Martínez, M. (2004). Los gitanos en el reinado de Felipe II (15561598). *El fracaso de una integración.* http://hdl.handle. net/10481/24033

Martínez, M. M. (2012). Los forzados de la escuadra de galeras del Mediterráneo en el siglo XVII: el caso de los gitanos. *Revista*

de Historia Naval, 30(117), 87–110.

Martínez, M. M. (2017). La redada general de gitanos de 1749: La solución definitiva al" problema" gitano. A*ndalucía En La Historia,* 55, 12–15.

Martín-Sánchez, D. (2018). *"La guerra civil española (1936-1939)." In Historia social del pueblo gitano en España.* Editorial Catarata.

Matos, M. G. (1950). Cante flamenco. Algunos de sus presuntos orígenes. *Anuario Musical*, 5, 97.

Montaño-Peña. Gonzalo. (22 de febrero de 2022). *No le tembló la mano.* Fundación Secretariado Gitano. https://www.gitanos. org/actualidad/archivo/135095.html#_ftn3

Moradiellos, E. (2000). *La España de Franco, 1939-1975: política y sociedad (Vol. 33).* Síntesis.

Moreno, J. A., & Roas, S. (2015, August 2). S*amudaripen, el genocidio que nadie quiso escuchar.* Proxi. https://www.observatorioproxi.org/index.php/infor mate/articulos-semanales/ item/231-samudaripen-el-genocidio-que-nadie-quiso-escuchar

Motos-Pérez, I. (2009). Lo que no se olvida: 1499-1978. *Anales de Historia Contemporánea.*

Movimiento contra la intolerancia. (9 de marzo 2022). *Aproximación Histórica al Pueblo Gitano.*

Nanuk audiovisual. (23 de mayo 2022). *Documental sobre gitanos que vivieron la guerra civil española.* https://www.youtube. com/watch?v=iW01MIu__PU.

Nieto, I. M. (2012). Gitano, ignorante y traidor. Mariano R. Vázquez en la Literatura Histórica Militante Libertaria. *No Es País Para Jóvenes*, 85.

Núñez, M. R. (2004). Aproximación a la historia del flamenco: El problema histórico, cultural y etimológico. *Litoral*, 238, 6–31.

Ouled, Y. (2018, April 21). *El Amor y la Ira, cartografía del acoso antigitano.* Es Racismo. https://esracismo.com/2018/04/21/ el-amor-y-la-ira-cartografia-del-acoso-antigitano/

Pachón, R. (2013, May 17). T*riana pura y pura.* In El Topo. https:// www.youtube.com/watch?v=uNE-01EbwtM

Pérez, J. (2005). Los judíos en España. *Los judíos en España*, 1–357.

Pérez, P. C., & Wójtowicz, M. (2018). Dibujando un sitio de atrocidad y tragedia: la percepción turística del "patrimonio difícil" del Museo de Auschwitz–Birkenau, Polonia. *Turismo, Patrimonio y Representaciones Espaciales*, 257.

Quesada, C. C. (2020). The memory of Spanish Gypsies: Scholarship, oral history, and archive research. *Romani Studies*, 30(1), 15–47.

Ramírez-Heredia, J. de D. (2023). *No van vestidas de flamenca, van vestidas de gitana*. https://www.nuevatribuna.es/articulo/actualidad/van-vestidas-flamenca-van-vestidas-gitana/20230427180305211150.html

Ramírez-Heredia, J. de D. (1973). *Vida Gitana* (Ediciones).

Riba Arderiu, O., & Colombo i Piñol, F. (2009). *Barcelona: la Ciutat Vella i el Poblenou*. Instituto de Estudios Catalanes.

Rodríguez, M. Á. (n.d.). *La discriminación gitana en Núremberg. Nueva Tribuna.* https://www.nuevatribuna.es/articulo/historia/discriminacion-gitana-nuremberg/20161001192019132240. html

Rothea, X. (2014). Construcción y uso social de la representación de los gitanos por el poder franquista 1936-1975. *Revista Andaluza de Antropología*, 7, 7-22.

Ruiz, M. Á. R. (2014). Políticas de realojo, comunidad gitana y conflictos urbanos en España (1980-2000). *Quid 16: Revista Del Área de Estudios Urbanos,* 4, 34–61.

Salas, P., & Caudeli, V. (2021). Infografías e inclusión social. El caso de un observatorio de discapacidad en España. Bibliotecas. *Anales de Investigación*, 17(4), 124–137.

Salinas, J. (2016). *Cante Gitano.* Museu Virtual Del Poble Gitano a Catalunya.

Salinas, J. (2020). *Historia y cultura del pueblo Gitano: Exposición.*

Asociación de Enseñantes con Gitanos.

Salinas, J. (2016). *Primera ley o pragmática contra los gitanos.* https://www.museuvirtualgitano.cat/es/historia/pri mera-pragmatica/

Salvadó, F. J. R. (2013). *Historical dictionary of the Spanish civil war. Rowman & Littlefield.*

San Román, T. (1997). *La diferencia inquietante: viejas y nuevas estrategias culturales de los gitanos*: Siglo XXI de España. http://catalogo.rebiun.org/rebiun/record/Rebiun030 70222

Sánchez, C. (4 de octubre del 2019). E*l estigma de La Mina a través del cine quinqui.* La Vanguardia. https://www.lavanguardia.com/ local/barcelona/20191004/47650585961/la-minacine-quinqui-estigma-marginalidad-perros-callejeros-el-vaquilla-el-torete.html

Sánchez, D. M. (2018). El pueblo gitano vasco en el siglo XIX, entre la asimilación y la reafirmación. *Historia y Política: Ideas, Procesos y Movimientos Sociales*, 40, 53–81.

Saz, I. (2004). Fascismo y franquismo (Vol. 1). Universitat de València.

Sierra Alonso, M. (2018). Helios Gómez: la invisibilidad de la revolución gitana. *Historia y Política, 40 (Gitanos: Una Historia Negada)*, 83-114.

Sierra-Alonso, M. (2017). Para conocer el" Porrajmos": el genocidio gitano bajo el nazismo. *Andalucía En La Historia*, 55, 28-31.

Simón, I. L. (2018). El chabolismo vertical: los movimientos migratorios y la política de vivienda franquista [1955-1975]. Huarte de San Juan. *Geografía e Historia*, 25, 173–192.

Thomàs, J. M. (2019). *Los fascismos españoles*. Ariel Barcelona.

Trenchard, E. (1981). *Estudios de doctrina bíblica*. Editorial Portavoz.

Trujillano, R. P. (2020). Gitanos, moros y negros ante los tribunales: colonialismo y racismo institucional durante la Segunda República española (1931-1936). *Historia Constitucional: Revista Electrónica de Historia Constitucional,* 21, 420–472.

Ujaranza, F. P. (2009). Memoria democrática y el pueblo gitano.

Educación Social: *Revista de Intervención Socioeducativa.*

Vallbona, R. (2016, June 26). *El mito del Somorrostro pervive medio siglo después.* El Mundo, 22–23. https://www.gitanos.org/upload/42/07/soc_somorrostro.PDF

Vargas, M. A. (2015). *La historia negra de la Carraca.* Andalucia Infromación.

Vega, A. (1997). *Los gitanos en España.* Unión Romani. https:// unionromani.org/los-gitanos-en-espana/

Vega, J. B., & Ruiz, M. R. (1988). *Diccionario enciclopédico ilustrado del flamenco: Macaca Zurita.* Discografía-Bibliografía. II. Cinterco.

Zoido-Naranjo, A. (1999). *La prisión general de los gitanos y los orígenes de lo flamenco.* Portada Editorial.

Acerca del autor

José Carmona Santiago nació en Rosario (Argentina), desde 1994 reside en la ciudad de San Cristóbal de La Laguna (Tenerife). Un auténtico "regalo de vida" que ha permitido al primer gitano en ser investido doctor en Canarias, y graduado en Trabajo Social.

- Grado en Trabajo Social (Universidad de La Laguna).
- Máster en Mediación Intercultural, Familiar y Comunitaria (Universidad de La Laguna).
- Doctor en Psicología (Universidad de La Laguna).

Tras trabajar en el Servicio Municipal de Apoyo a la Asistencia Escolar del Ayto. de La Laguna. Ha coordinado e implementado el Proceso Participativo para la Inclusión del Pueblo Gitano Ingéniense, actividad que ha desarrollado junto a la docencia en el Grado de Trabajo Social de la Universidad de La Laguna (Venia Docendi).